살아 있는 하루가
이미
선물입니다

황금명언

히읏

ⓒ 황금명언 2025

초판 1쇄 발행일 | 2025년 11월 20일

지 은 이 | 황금명언
마 케 팅 | 박근호 강진석 서예린 홍승현
펴 낸 곳 | 도서출판 히웃
출 판 등 록 | 2020년 4월 28일 제 2020-000109호
전 자 우 편 | heeeutbooks@naver.com

I S B N | ISBN: 979-11-92559-11-7 (13810)

*이 책의 판권은 저자와 히웃에 있습니다.
*이 책 내용의 전부 또는 일부를 재사용하려면 반드시 양측의 동의를 받아야 합니다.

프롤로그

마음이 무너지지 않았다면, 아직 괜찮은 겁니다.

우리는 모두 어른이 되었지만,

아직 '마음 다루기'는 서툽니다.

누군가의 말 한마디에 흔들리고,

사소한 일에도 하루 종일 기분이 가라앉지요.

사는 게 왜 이렇게 버거운지,

스스로에게 수없이 물었던 날들.

열심히 살아도 허무하고,

곁에 사람이 있어도 외롭고,

아무 일도 없는데 괜히 눈물이 납니다.

그럴 때 필요한 건 거창한 철학이 아닙니다.

그저 한 줄의 말이에요.

"그래도 괜찮다."

그 한 줄이 무너진 마음을 붙잡아 줍니다.

누군가는 말합니다.

"잊어버려. 시간이 해결해 줄 거야."

하지만 아닙니다.

시간은 아무것도 해결하지 않습니다.

다만 그 시간 속에서 우리가 조금씩 단단해질 뿐입니다.

이 책은 그렇게 단단해지려 애쓴 마음들의 기록입니다.

먼저 아파본 사람이 남긴, 작은 마음의 메모입니다.

삶은 결국 태도의 이야기입니다.

같은 하루라도 마음을 어떻게 쓰느냐에 따라

세상은 전혀 다른 얼굴을 보여줍니다.

세상이 내 뜻대로 흐르지 않아도 괜찮습니다.

내가 어떻게 바라보느냐에 따라

삶은 언제든 달라질 수 있으니까요.

감사는 기적의 씨앗이고, 침묵은 지혜의 그릇이며, 고요는 마음의

안식처입니다.

이 책을 펼치는 순간, 당신의 하루가 잠시 멈추고 내면의 소리가 조

용히 들리길 바랍니다.

탁,

오늘도 괜찮지 않아도 괜찮습니다.

무너졌다면, 다시 일어서면 됩니다.

그것이 삶이고, 살아 있음 그 자체가 이미 기적입니다.

목차

5 　프롤로그_마음이 무너지지 않았다면, 아직 괜찮은 겁니다.

1장　인생은 너무 열심히 살 필요가 없다

14 　인생 너무 열심히 살지 마세요
17 　진짜 어른
19 　우리는 모두 죽음을 향해 가고 있습니다
23 　무시를 허용하지 마세요
25 　다 잘할 필요 없습니다
27 　상처 많은 사람들의 특징
29 　사람은 고쳐 쓰는 게 아닙니다
33 　같은 사람에게 두 번 당하지 마십시오
35 　인생에서 반드시 걸러야 할 사람들
37 　내 인생은 아무도 책임지지 않습니다
40 　나에게 상처 준 사람에게 복수하는 방법

42 사람을 볼 때 꼭 기억해야 할 6가지

45 죽음을 알면 지금 잘살게 됩니다

47 쓸모없는 기분이 들 때

49 인생을 혼자 살아야 하는 이유

54 관계를 지키는 방법

57 인생을 가볍게 사는 방법

58 기분 관리가 인생 관리입니다

62 지금이 당신의 황금기입니다

64 착하게 살았는데 왜 착한 끝은 오지 않는 걸까요?

2장 사람 때문에 힘들다면

70 딱 2가지만 하면 확실하게 행복합니다

72 불안과 걱정 단번에 확 끊는 방법

74 이제는 시대가 달라져서 인성도 중요합니다

78 고집불통과 싸우지 마세요

80 나이가 들수록 더 괴로운 이유

84 인간관계 잘 맺는 5가지 비법

87 해로운 인연을 흘려보내야 하는 이유
　　　정이 많아서 상처받는 당신에게

91 보내줄 사람은 보내주세요

93 속 편하게 살려면 지켜야 할 5가지

97 무시당하지 않는 방법

101 자식은 붙잡는 게 아니라 내보내야 합니다

105 사는 게 버거운 이유는 짐을 내려놓지 않아서입니다

110 삶에 너무 많은 의미를 두지 마세요 지금도 충분합니다

112 이런 관계는 당장 끊으세요

115 비교가 만든 불안을 끊는 법

119 착한 척하다 결국 무너진 당신

122 나를 알아주는 사람이 아무도 없는 것 같을 때

125 내일일지 오늘일지, 누구도 알 수 없는 것이 인생입니다.

128 억울함의 진짜 뿌리

130 짜증이 많이 나는 이유

133 걱정이 많아서 걱정일 때

135 삶과 죽음 사이 우리가 붙잡아야 할 것

138 화를 내는 순간 인생은 끌려갑니다

142 진짜 행복은 이겁니다

144 믿었던 세상이 등을 돌릴 때, 어떻게 살아야 할까?

147 힘들 땐 참지 말고 밥 먹고 푹 주무세요

149 사람을 알려면 말투를 보세요 말투가 곧 얼굴입니다

3장 살아 있는 하루가 이미 선물입니다

154 인생은 원래 괴롭습니다
156 빈자리를 두려워하지 말고 여백으로 채우십시오
158 진짜 외로운 이유는 따로 있습니다
161 인생이 자꾸 꼬이는 건 대운이 들어오기 때문입니다
167 악연은 탁 끊어내세요
169 후회를 지혜로 바꾸는 방법
171 이 5가지만 놓으면 인생이 달라집니다
173 만만한 사람으로 보이지 않는 법
175 마지막 순간이 인생의 성적표입니다
181 인생이 힘든 진짜 이유
184 사람 때문에 지쳤다면 고독을 탓하지 마세요
188 인생을 무겁게 만드는 건 쓸데없는 생각입니다
192 불편함을 견디는 사람만이 진짜 어른이 됩니다
196 야무지게 잘 사는 사람들의 비밀
199 미워할 필요가 없는 이유
201 나이 들면, 덜 해야 보인다.
204 덜 말하고, 더 평온하게 사는 법
207 사람은 결국 살 만큼만 삽니다

1장
인생은 너무 열심히 살 필요가 없다

인생 너무 열심히 살지 마세요

사는 게 참 힘들죠?

마음이 괴로운 이유는 단순합니다.

세상은 내 뜻대로 흘러가지 않는데 모든 걸 다 해내려 하니까 괴로운 거예요. 남의 시선을 의식하며, 결과에 매달리고, 안 되는 일을 붙잡고 늘어지니까 숨이 막히고 마음이 짓눌립니다.

이제는 그렇게 무겁게 살지 않아도 됩니다. 젊을 땐 열심히 달려야 한다고 믿었죠. 남보다 뒤처지면 안 된다고, 더 열심히 해야 제대로 사는 거라 생각했어요. 그런데 돌아보니, 열심히만 살았고 마음은 늘 허전했습니다.

몸은 지치고, 관계는 멀어지고, 남은 건 피로뿐이었습니다.

잘 사는 건 그렇게 고되게 사는 게 아닙니다. 잘 산다는 건, 내 마음을 돌보고, 잠깐 멈춰 숨 고르고, 욕심을 덜어내며 나답게 살아가는 겁니다. 집착은 고통의 뿌리입니다. 내 뜻대로 안 되면 괴로운 이유, 결국 '놓지 못해서' 그렇습니다. 안 되면 그냥, "아, 안 되는구나." 하고 흘리세요. 그게 지혜입니다.

열심히 사는 건 몸을 갈아 넣는 일이고, 잘 사는 건 마음을 보살피는 일입니다.

열심히 사는 건 남과 비교하는 삶이고, 잘 사는 건 나답게 걷는 삶입니다.

열심히 사는 건 끝없이 쌓는 일이고, 잘 사는 건 불필요한 걸 비워내는 일입니다.

이제는 잠시 멈춰 물어보세요.

"나는 왜 이렇게 달리고 있을까?"

"그 길 끝에는 무엇이 있을까?"

그렇게 되돌아보는 시간이 삶을 단단하게 만들어줍니다. 사는 건 사실 별거 아닙니다. 하루 한 끼 맛있게 먹고, 마음 편한 사람과 웃고, 밤에 편히 눕는 것. 그게 잘 사는 인생입니다. 너무 잘하려 하지 마세요. 조금 덜 애써도 괜찮습니다. 대충 산다고 망하지 않습니다. 오히려 너무 애쓰다 무너지는 경우가 더 많습니다.

이제는 조금 내려놓고 조금 가볍게,
그렇게 살아도 충분합니다

진짜 어른

사는 게 조용해질수록

괜히 불안해지는 분들이 많습니다.

누군가를 만나야 안심이 되고

대화가 끊기면 마음이 텅 빈 것 같아서

자꾸 사람을 찾습니다.

하지만 그건 그 사람이 필요한 게 아니라

외로움이 두려운 것입니다.

쓸쓸한 게 아니라 혼자 있지 못하는 내가

불안한 것입니다.

진짜 어른은 누구에게도 의존하지 않고

조용히 자기 마음을 돌볼 줄 아는 사람입니다.

혼자 있을 수 있는 사람은 이미 세상을 이긴 사람입니다.

우리는 모두 죽음을 향해 가고 있습니다

아무리 애써도 누구도 피해 갈 수 없는 진리가 있습니다. 사람은 결국 살 만큼만 살고 때가 되면 다 죽는다는 사실입니다. 그런데 이 단순한 사실을 머리로만 아는 게 아니라 가슴으로 알게 되는 순간이 있습니다. 바로 내 몸이 아프고 죽음을 눈앞에 두었을 때입니다. 그때 알게 되는 인생의 진리 다섯 가지가 있습니다.

첫째, 아프고 나면 보이지 않던 것들이 보입니다. 건강할 땐 절대 모릅니다. 별것 아닌 일에도 소리 지르고 돈 때문에 속끓이고 체면 때문에 허세를 부립니다. 그러나 몸이 무너지면 달라집니다. 고작 음식 한 숟갈 넘기지 못하고 밤새도록 헛구역질을 반복할 때 그제야 깨닫습니다. 아, 사는 게 이렇게 귀한 거구나. 그때부터는 숨 쉬고 눈을 뜨는 그 순간이 이미 기적입니다. 아침에 눈을 떴다는 사실부터 물이 목으로 넘어가는 순간까지 모든 게 다 감사로 다가옵니다. 젊었을 땐 몰랐던 단순한 진실을 아프고 나서야 비로소 배우는 것입니다.

둘째, 죽음을 생각하면 관계가 달라집니다. 죽음을 의식하면, 곁에 있는 존재들이 새삼 선물처럼 다가옵니다. 늘 짜증 나게 하던 사람도 내 옆에 묵묵히 앉아 있던 가족도 그냥 곁에 있어 준다는 사실만으로도 감사해집니다. 병원에 누워 있는데 누군가 와서 손만 잡아 줘도 눈물이 납니다. 아무 말 안 해도 그냥 거기 있어 주는 것만으로 그 사람이 내 삶의 선물이 됩니다. 살아있다는 것 그 자체가 이미 은혜고 선물이라는 걸 죽음을 떠올릴 때 비로소 알게 됩니다.

셋째, 하루를 살게 됩니다. 내일 말고 오늘을 살아야 합니다. 오늘 하루가 내 인생의 전부라는 각오로 살아야 합니다. 내일

해야지, 다음 달에 해야지, 이렇게 미루다 보면 내일이 오지 않는 날이 반드시 있습니다. 그래서 하루를 잘 살아야 합니다. 오늘 할 수 있는 건 오늘 하고, 오늘 고마운 마음은 오늘 표현하고, 오늘 웃을 수 있으면 오늘 웃어야 합니다. 그렇게 하루를 충실히 살고 또 하루를 잘 넘기다 보면 사는 것 자체가 기쁨이 됩니다.

넷째, 미련을 놓아야 합니다. 죽음을 두려워하는 가장 큰 이유는 미련입니다. 아직 못해본 게 많고 아직 못 누린 게 많다는 미련이 우리를 괴롭힙니다. 하지만 잘 보세요. 미련을 가진다고 시간이 늘어나진 않습니다. 억울하고 두렵다고 죽음이 피해 가지도 않습니다. 미련을 내려놓는 순간 죽음의 그림자도 우리를 괴롭히지 못합니다. 그때 비로소 자유로워지는 것입니다.

다섯째, 죽음은 자연의 흐름이라는 것을 알게 됩니다. 강물이 흘러가듯, 계절이 바뀌듯, 우리도 언젠가 흘러갑니다. 죽음도 그와 같습니다. 벌이 아니라 자연스러운 흐름일 뿐입니다. 죽음을 끝이라 생각하면 두렵습니다. 하지만 죽음을 삶의 일부로 받아들이면 그저 자연의 순환일 뿐입니다. 죽음을 의식하면 삶이 더 또렷해집니다.

사람은 결국 살 만큼만 삽니다. 우리가 진정으로 두려워 해야 하는 것은 죽음이 아닙니다. 오늘을 두려워 해야 합니다. 아프기 전에 삶의 귀함을 깨닫고, 곁에 있는 사람을 소중히 여기고, 오늘 하루를 인생의 전부라 여기며 살고, 미련을 놓고, 죽음을 자연의 이치로 받아들이는 것입니다. 이 다섯 가지만 기억하면 죽음은 더 이상 공포가 아니라 삶을 깊게 만드는 스승이 됩니다. 죽음을 두려워하지 말고, 오늘 하루를 온전히 살아내십시오.

그 길 위에서 삶은 가장 깊은 지혜로 우리를 이끌 것입니다.

무시를 허용하지 마세요

누군가가 날 무시할 때가 있습니다.

그 사람은 왜 날 무시할까 고민해도 답이 보이지 않습니다.

당신이 당한 건 착해서가 아닙니다.

허용했기 때문입니다.

무례한 사람은 절대 무서운 사람한테는

함부로 하지 않습니다.

자꾸 참는 사람한테만 선을 넘습니다.

착하게 대해줬을 뿐인데 무시하고 함부로 구는 사람이

떠오르실 겁니다.

그 사람 처음부터 그런 건 아닙니다.

분명 한 번, 두 번 그냥 넘어가 줬을 겁니다.

착한 건 좋은 것입니다. 하지만 경계 없는 착함은

나를 조용히 갉아먹는 독이 됩니다.

나에게만 무례한 사람은

아무 말 하지 않고 가만히 있는 나를 만만하게 본 것입니다.

착함은 미덕이지만, 무례를 참는 건 나를 해치는 일입니다.

선을 넘는 사람에겐 분명한 선 긋기가 필요합니다.

거절하세요. 그만하라고 말하세요.

그게 진짜 나를 사랑하는 법입니다.

다 잘할 필요 없습니다

모든 걸 다 잘할 필요 없습니다.

다 잘하려다 보면 정작 나를 잃습니다.

당신은 느슨하게 살아도 됩니다.

사람들 눈치 보느라 웃고

맞춰주느라 참고

그렇게 애쓰며 살아왔잖아요.

그 관계가 편했나요?

이해가 계산 위에 놓일 때, 그 마음은 언제든 뒤집힙니다.

진짜 인연은 있는 그대로의 나를 그대로 봐주는 사람이에요.

관계는 맞추는 게 아니라 거리를 알아가는 것입니다.

적당한 거리가 있어야 숨도 쉬고 마음도 놓입니다.

조언이라는 이름으로 간섭하지 마세요.

관심이 지나치면 사랑도 침범이 됩니다.

떠나는 사람은 말없이 보내주세요.

억지로 이어지는 인연은 결국 나를 상하게 합니다.

나를 아끼는 가장 큰 지혜는 거절할 줄 아는 용기입니다,

내가 나를 먼저 소중히 할 때, 세상도 나를 존중하게 됩니다.

상처 많은 사람들의 특징

상처 많은 사람에게는 이런 모습들이 자주 보입니다.

첫째, 자꾸 과거를 꺼냅니다.

그때 내가 아팠던 만큼 내 안에 해결되지 못한 기억들이

계속 지금의 나를 붙잡고 있는 것입니다.

둘째, 사람들에게 지나치게 잘하려 합니다.

맞춰주고, 참고, 양보합니다. 그러다 내 마음은 텅 비어 버립니다.

셋째, 기대가 큽니다.

이 정도 했으니 알아줄 거라고 생각하지만 상대는 모른 척합니다.

그게 또 다른 상처가 됩니다.

넷째, 사소한 말에도 크게 흔들립니다.

남들에겐 별것 아닌 말 한 줄이, 내겐 며칠을 앓게 만드는 상처가 됩니다.

다섯째, 자존감이 낮습니다.

스스로 사랑받을 자격이 없다고 여기며 자신을 작게 만듭니다.

하지만 잊지 마세요. 당신은 단지 많은 상처를 받아왔을 뿐 존재 자체만으로도 이미 사랑받을 이유가 충분한 사람입니다.

사람은 고쳐 쓰는 게 아닙니다

사람 고쳐 쓰지 말라는 말, 한 번쯤 들어보셨을 겁니다.

좀 거칠게 들리지만, 그 안에는 깊은 지혜가 담겨 있습니다.

많은 분이 인생에서 가장 힘들었던 순간으로 돈이 없던 때나 일이 많던 때를 꼽지 않습니다. 대부분 '사람 때문에 힘들었던 순간'을 꼽습니다. 잘못된 인연 하나가 내 평정심을 무너뜨리고 내 시간과 열정을 삼켜버립니다. 우리는 이렇게 생각합니다.

'내가 조금 더 이해하면 되겠지.'

'참다 보면 언젠가 바뀌겠지.'

하지만 기다리다 보면 1년, 5년, 10년이 훌쩍 지나갑니다.

사람은 고쳐 쓰는 게 아닙니다. 망가진 기계는 부품을 갈면 고쳐지지만, 사람의 성질은 내가 바꿀 수 없습니다. 이런 사람은 제발 멀리하세요.

첫째, 말을 함부로 하는 사람. 말은 눈에 보이지 않지만 마음 깊이 베어 듭니다. 남의 마음을 아무렇지 않게 베어버리는 사람을 '원래 그런 사람'이라고 생각하고 넘기다 보면 결국 내 마음이 상처투성이가 됩니다. 말은 공기처럼 흘러가지만, 가슴엔 돌처럼 남습니다.

둘째, 자기밖에 모르는 사람. 늘 자기 이야기만 하고, 상대의 형편이나 사정을 모른 척하는 사람 곁에 있으면 함께 있어도 마음은 외로운 섬처럼 고립됩니다.

셋째, 책임을 남에게 돌리는 사람. 잘못이 있어도 사과하지 않고 늘 "너 때문이야"라고 말하는 사람 곁에 있으면 괜히 내가 죄인이 되어 살아갑니다. 책임을 지지 않는 사람 옆에서는 결국 내가 모든 짐을 짊어지게 됩니다.

넷째, 당신을 소모품처럼 대하는 사람. 필요할 때만 연락하고, 자기 이익을 위해 다가오는 사람은 내 진심을 이용합니다. 그런 사람 곁에 있으면 내 마음이 닳아 없어집니다. 사람은 관계 속에서 꽃처럼 피어야지, 닳아 없어지면 안 됩니다.

다섯째, 늘 부정적인 기운을 퍼뜨리는 사람. 만나면 기가 빠지고, 늘 세상 탓, 사람 탓, 원망만 늘어놓는 사람. 그런 사람 곁에 있으면 내 마음까지 어두워집니다. 불평은 전염됩니다.

빛을 잃지 않으려면, 그늘과는 거리를 두어야 합니다. 그 어떤 사람도 내 뜻대로 바꿀 수 없습니다. 상대가 변하길 기다리다가 내 인생의 귀한 시간이 흘러갑니다. 그러니 상대를 고치려 들지 말고, 내가 거리를 조절하세요. 멀리해야 할 사람은 멀리하고, 함께할 사람은 따뜻하게 함께하면 됩니다.

사람 잘못 만나면 인생이 힘들어집니다. 그러나 좋은 인연 하나는 인생을 빛나게 합니다.

기억하세요. 사람은 고쳐 쓰는 게 아닙니다. 세상을 바꾸는 것보다 내 곁의 사람을 잘 고르는 일이 내 삶을 지키는 가장 좋은 방법입니다.

같은 사람에게 두 번 당하지 마십시오

같은 사람에게 같은 상처를 반복해서 받는다면,

그것은 더 이상 상대의 문제가 아니라 나의 선택의 문제입니다.

처음에는 몰라서 상처받고,

두 번째는 달라지길 바라는 마음에 또 상처받습니다.

세 번째는 끝내 놓지 못해 스스로 상처를 반복합니다.

정 때문에, 이번에는 다르겠지 하는 기대 때문에

스스로를 속이지만 결국 결과는 같아집니다.

관계는 기대가 아니라 패턴으로 움직입니다.

그 사람이 바뀐 게 아니라

내가 또 같은 자리로 돌아간 것입니다.

가벼운 인연이라면 스쳐 지나가는 인사로도 충분합니다.

하지만 마음을 활짝 열고 다시 깊은 관계를 맺는다면

과거의 상처가 또다시 내 몫이 됩니다.

그러니 기억하세요.

같은 상처를 반복해서 허락하지 마십시오.

그것은 상대가 아니라 나를 지키는 일입니다.

인생에서 반드시 걸러야 할 사람들

첫째, 뭘 해줄 것처럼 거창하게 말하는 사람.

말은 크지만 행동은 없습니다.

둘째, 나를 이용하려는 사람.

필요할 때만 다가왔다가, 이익이 끝나면 미련 없이 떠납니다.

셋째, 타인을 지나치게 숭배하는 사람.

스스로 서지 못하는 이들은 결국 당신의 삶마저 흔들 수 있습니다.

넷째, 부정적인 말로 사람을 흔드는 사람.

그 말에 흔들릴수록 당신의 길은 점점 좁아집니다.

다섯째, 뒷말을 일삼는 사람.

오늘은 남을 씹지만, 내일은 그 화살이 당신을 향할 것입니다.

사람 때문에 마음이 무너진 경험 누구나 있습니다.

믿고 의지했는데 남은 건 상처뿐이고

참을수록 나만 무너졌던 순간들 말입니다.

이제는 분별해야 할 때입니다.

인생에서 반드시 걸러야 할 사람을 알아두는 것이

곧 나를 지키는 지혜입니다.

내 인생은 아무도 책임지지 않습니다

살다 보면 이런 생각이 들 때가 있습니다.

부모 때문에 내가 이렇게 됐다. 남편, 아내 때문에, 그 인간 때문에 내가 망가졌다는 말을 심심치 않게 뱉고는 합니다. 왜 나는 늘 억울할까요? 왜 내 인생은 남 탓할 일이 이렇게 많을까요? 인생이 억울하게 느껴지신다면 잘 생각해 보셔야 합니다. 그 사람들이 지금 당신의 삶을 대신 살아주고 있습니까? 결코 그렇지 않습니다.

내 인생은 끝내 내가 책임져야 합니다. 누군가가 나를 힘들게 하고 상처 준 건 분명 사실입니다. 아팠을 것입니다. 하지만 그 상처를 지금도 안고 가는 건 누구의 선택일까요? 바로 지금의 내 선택입니다. 과거는 이미 지나갔지만 내가 붙잡고 과거의 포로가 되는 것입니다. 지금의 인생은 내가 만들고 있지만, 마음은 여전히 과거에 묶여 있습니다. 결국 나를 붙잡고 있는 건 그때의 일이 아니라, 그 일을 놓지 못하는 나 자신입니다. 감정을 보내주고 지금을 살아가기 위해선 몇 가지 노력이 필요합니다.

우선 말투부터 바꿔야 합니다. 누구 때문이라는 말은 이제 내려놓아야 합니다. 그 말이 내 삶을 약자로 만듭니다. 내가 선택했다고 말하는 순간 주도권이 돌아옵니다. 책임을 다하십시오. 남이 바뀌길 기다리지 말고 오늘 내가 할 일부터 하는 것입니다. 작은 정리 하나, 사소한 약속 하나를 지키는 데서 자유는 싹트기 시작합니다. 감정은 담담히 다스려야 합니다. 화를 내거나 억울해하는 것은 결국 내가 붙잡고 있는 것입니다. 이 감정도 내가 만든 거라고 알아차리는 순간 감정은 힘을 잃습니다. 잘못된 관계는 끊어내십시오. 나를 무시하고 함부로 대하는 사람은 내 인생을 책임져 주지 않습니다. 이미 무너져 가는 인연에 더 이상 매달리지 마십시오. 지금 이 순간을 선택하십시오. 내일 잘할 거야, 언젠가 바꿀 거라고 말하는 것이 아닙니다. 오늘 지금 이 자리에서 책임지고 사는 게 내 인생의 전부입니다. 내 인생이 괴로운 건 얼핏 보면 남이 만든 것 같지만 아닙니다. 내가 내 삶을 외면했기 때문입니다.

책임을 진다는 건 자유로워지는 일입니다. 남 눈치 안 보고 누구 탓도 안 하고 내가 선택하고 내가 사는 것이 바로 자유입니다. 내 인생은 누구도 대신 살아주지 않습니다. 부모도 배우자도 자식도 그 어떤 인연도 대신 살아주지 않습니다. 그러니 이제라도 남 탓 내려놓으세요. 그리고 내 마음, 내 행동을 내가 책임지세요. 그 순간부터 남이 옭아매던 삶에서 벗어나 비로소 진짜 자유가 시작됩니다.

당신은 지금, 진짜 '내 인생'을 살고 있습니까?

아니면 아직도 남 탓 속에서 헤매고 있나요?

나에게 상처 준 사람에게 복수하는 방법

누군가에게 깊은 상처를 받았을 때

그 사람이 벌받았으면 좋겠다는 마음이 들곤 합니다.

그 감정, 이해합니다.

하지만 복수에 이를 악물고 매달릴수록

결국 손해 보는 사람은 바로 나 자신입니다.

그 사람은 이미 잊고 잘 살지 몰라도

나는 그 기억에 매여 괴롭게 살기 때문입니다.

진짜 복수란 상대를 무너뜨리는 일이 아니라

내가 더 빛나고 평온해지는 일입니다.

미움에 에너지를 낭비하지 말고

그 힘을 온전히 나를 돌보는데 쓰세요.

더 건강해지고, 더 기쁘게 살며, 스스로 서 있는 삶이야말로

가장 강력한 반격입니다.

그 사람보다 내가 더 늙어 보이고 더 무너져 있으면

그건 그 사람이 나를 이긴 게 됩니다.

그러니 복수심이 올라올 때 스스로에게 물어보세요.

"이 감정이 내 삶을 더 나아지게 하나?"

답이 '아니오'라면, 그 시간을 오롯이 나에게 돌려주세요.

지나간 사람에게 마음을 내어줄 필요 없습니다.

오늘의 나를 돌보고, 작은 기쁨을 쌓아가세요.

최고의 복수는 내 삶을 잘 사는 것입니다.

사람을 볼 때 꼭 기억해야 할 6가지

사람을 알려면 겉모습보다 그 사람이 어떤 말을 하는지를 보면 됩니다.

말은 마음이 흘러나온 흔적이기 때문입니다.

첫째, 말이 거친 사람은 대체로 마음속 상처가 깊습니다. 누군가로부터 받은 아픔이 말을 통해 삐죽삐죽 튀어나오는 겁니다.

둘째, 욕설이 습관이 된 사람은 늘 긴장 속에 살아갑니다. 거친 표현은 그가 두른 갑옷입니다. 불안한 마음을 숨기려는 무의식적 방어일 때가 많습니다.

셋째, 부정적인 말을 반복하는 사람은 마음에 두려움과 걱정이 가득합니다.

그래서 작은 일에도 쉽게 비관하고, 희망보다 불안이 먼저 앞섭니다.

넷째, 남을 헐뜯거나 비난하는 사람은 자존감이 낮은 경우가 많습니다. 남을 끌어내려야 자신이 덜 작아 보인다고 느끼는 것입니다. 그러나 결국 스스로의 빈약함을 드러낼 뿐입니다.

다섯째, 칭찬을 자연스럽게 건네는 사람은 내면에 여유가 있는 사람입니다. 남의 빛을 인정할 수 있는 힘은 마음의 넉넉함에서 비롯됩니다.

여섯째, 격려와 따뜻한 말을 아끼지 않는 사람은 이미 마음속에 평화가 자리한 사람입니다. 그의 말은 향기처럼 번져 주변까지 맑게 합니다.

결국, 우리가 쓰는 말은 단순한 소리가 아니라 마음의 결을 드러내는 신호입니다.

상대를 알고 싶다면 그의 말에 귀 기울여 보십시오. 그리고 스스로를 돌아보고 싶다면 내가 어떤 말을 입에 담고 있는지 살펴보십시오.

말은 습관이 되고, 습관은 결국 나라는 사람을 만들어갑니다.

죽음을 알면
지금 잘살게 됩니다

혹시 요즘 누군가에게 마음이 서운해지셨나요?

아무 이유 없이 사는 게 허전하신가요?

그럴 땐 생각 한번 해보세요.

우리는 누구도 예외 없이 죽음을 향해 가고 있습니다.

어떤 날은 뛰어가고 어떤 날은 기어가듯이 가지만

결국 종착지는 같지요.

이 단순한 진리를 받아들이면 삶이 전혀 다르게 보입니다.

죽음을 생각하는 것은 비관이 아닙니다.

오히려 진짜로 살아 있는 방법을 배우는 길입니다.

만약 내게 정해진 시간이 얼마 남지 않았다고 생각해 보세요.

여전히 그 사람에게 소리치고 따지고 화를 내고 싶을까요?

아마 아닐 겁니다.

아침 햇살이 너무 감사하고 나를 그리워해 줄 가족이 애틋해지고

숨 쉬는 순간순간이 너무나 귀하게 느껴지는 게

바로 죽음을 아는 사람의 하루입니다.

그러니 애써 대단한 걸 이루려 하지 않아도 됩니다.

대신 마음속으로 "고맙습니다"이 한마디만 자주 해보세요.

그 말이 삶을 새롭게 물들이고

지금 이 순간을 더 깊고 충만하게 만들어 줄 것입니다.

쓸모없는 기분이 들 때

나이가 들수록 나는 이제 쓸모가 없는 건가?

이런 생각이 자꾸 듭니다.

예전엔 누군가에게 필요하다는 이유만으로

하루가 단단했고 행복이라 믿었습니다.

그러나 이제는 그 쓸모가 하나둘

사라져 가는 것 같습니다.

마음 한구석이 허전합니다.

평생 누군가에게 도움이 되어야 한다며

몰아붙이며 살아왔지만

그 안에서 자신을 깎고 다듬으며 나를 잃어갑니다.

바다는 누군가를 위해 출렁이지 않습니다.

그저 바람이 불면 일렁이고

잠잠해지면 고요해질 뿐이죠. 당신도 그렇습니다.

잘해야 의미 있는 게 아니라

있는 그대로 이미 충분합니다.

이제 쓸모로 자신을 평가하지 마세요.

나이 들어간다는 건 불필요해지는 게 아니라

깊어지는 시간입니다.

지금 당신이 존재한다는 것만으로도

세상은 이미 조금 더 따뜻해졌습니다.

인생을 혼자 살아야 하는 이유

사람은 태어날 때도 혼자, 죽을 때도 혼자입니다. 곁에 누가 있어 주면 든든합니다. 하지만 인생에서는 결국 혼자 이겨내야 하고 혼자 겪어내야만 하는 순간들이 분명히 있습니다. 내가 아플 때 누가 대신 아파줄 수 없습니다. 내가 숨 넘어 갈 때 누가 대신 숨 넘어가 줄 수도 없습니다. 인생이 꼬이는 순간은 여기부터입니다. 결국 인생은 혼자라는 사실을 받아들이지 못하면 삶이 괴롭습니다. 외로움이 두려워 잘못된 인연에 매달리고 기대를 걸었다가 실망하고 결국은 더 큰 상처를 받습니다. 인생을 바로 보려면 먼저 사람은 결국 혼자라는 사실부터 받아들여야 합니다.

고독은 피할 게 아니라 견디는 것입니다. 사람이 많아도 내 인생 책임져 줄 사람은 없습니다. 힘내라고 아무리 말해도 돌아서면 다 남입니다. 밥상에 다 같이 둘러앉아 있어도 마음속 허전함은 여전합니다. 병원에 누워 밤새 앓으면 알게 됩니다. 아무리 누가 내 옆에 있어도 그 고통은 결국 내가 짊어진다는 것을요. 사람들은 외로움을 달래려고 모임을 쫓아다니고 아무 인연이나 붙잡습니다. 그럴수록 더 외롭습니다. 외로움은 밖에서 달래는 것이 아니고 내 안에서 직면해야 하기 때문입니다. 악한 벗과 함께하기보다 혼자 걷는 편이 낫습니다. 아무리 사람이 많아도 내 마음을 괴롭히는 인연이라면 홀로 서는 것이 더 자유롭습니다. 외로움이 두려워 아무 인연에나 기대면 결국 내 삶은 더 불행해집니다. 고독은 피하는 것이 아니라 있는 그대로 견뎌내는 순간에 비로소 힘이 됩니다. 혼자 있어도 괜찮다는 마음이 자리 잡을 때 삶은 훨씬 가벼워집니다.

외로움을 견디지 못하면 쓸데없는 인연에 휘둘립니다. 사람은 겉으로는 웃어주고 위로해도 돌아서면 뒷말을 합니다. 앞에서는 힘내라고 말하다가도 뒤에서는 저 사람 참 한심하다고 하는 게 사람입니다. 잔인해 보일지 모르지만 이게 현실입니다. 외로움이 두려운 사람은 이런 가짜 위로에도 쉽게 끌려갑니다. 누군가 조금만 다정하게 대해 줘도 금세 마음을 내주고 의지합니다.

그러나 그 의지 속에는 실망이 숨어 있습니다. 누군가를 의지하게 되면 기대를 하게 되고 기대가 커지면 실망도 커집니다. 결국 내 인생의 주도권이 남의 손에 넘어갑니다. 나이 들어서 외로움을 못 견디고 아무나 붙잡으면 상대가 내 돈을 노리고 내 약함을 이용하는 경우도 많습니다. 실제로 말년의 외로움을 못 이겨 잘못된 관계에 매달리다가 전 재산을 잃고 가족과도 멀어지는 사람을 종종 봅니다. 외로움을 견디지 못한 대가입니다. 탐욕은 불길과 같고, 어리석음은 어둠과 같습니다. 외로움 속에서 이 두 가지가 자라나면 내 삶은 불길에 태워지고, 어둠 속에서 길을 잃습니다. 외로움을 직면하지 못하면 결국 내 삶은 남의 손에 휘둘리게 됩니다.

그러니 고독을 피하지 말고 제대로 직면해야 합니다. 혼자 설 줄 알아야 자유롭습니다. 무소의 뿔처럼 혼자서 가라는 말은 모든 인연을 끊으라는 게 아니라 내 마음이 남에게 끌려다니지 말라는 뜻입니다. 혼자 밥을 먹어도 괜찮습니다. 혼자 길을 걸어도 괜찮습니다. 혼자 있어도 괜찮습니다. 이 마음이 자리를 잡을 때 자유가 생깁니다.

배우자가 있어도 언젠가는 먼저 떠나거나 내가 먼저 떠납니다. 자식이 있어도 각자의 삶을 살러 흩어집니다. 결국 남는 건 나 혼자입니다. 그 사실을 일찍부터 받아들인 사람은 자유롭습니다. 누가 곁에 있든 없든 흔들리지 않습니다. 세상에서 가장 불안한 사람은 혼자 설 수 없는 사람입니다. 누군가가 곁에 있어야 하고 늘 확인받아야 됩니다. 그래서 더 집착하고 더 상처받습니다. 반대로 혼자 설 수 있는 사람은 관계 속에서도 더 건강합니다. 기댈 필요가 없으니 상대를 있는 그대로 존중할 수 있습니다. 붙잡지 않고도 사랑할 수 있고 매달리지 않고도 따뜻할 수 있습니다. 이것이 홀로 설 줄 아는 사람의 자유입니다.

인생이 혼자인 이유는 마지막이 혼자이기 때문입니다. 사람은 태어나면 반드시 죽습니다. 누구도 예외 없이 아무리 건강한 사람도 아무리 권력이 큰 사람도 마지막은 한 줌 흙으로 돌아갑니다. 사람은 때가 되면 다 죽는다는 사실을 기억하는 건 거창한 게 아닙니다. 죽음을 인정하고 삶을 더 소중하게 사는 것입니다. 고독을 피하지 마십시오. 외로움 때문에 잘못된 인연에 매달리지 마십시오. 혼자 설 줄 아는 순간, 당신은 비로소 자유로워집니다.

혼자임을 받아들이는 것, 그것이 오히려 나를 편하게 합니다.

관계를 지키는 방법

관계가 오래가려면 단순한 호의만으로는 부족합니다. 그 바탕에는 상대의 마음을 헤아리는 감각이 필요합니다. 사람은 다 비슷해 보여도 속은 다 다릅니다. 나랑 같은 생각이겠지 하고 말을 내뱉다가 전혀 다른 반응이 돌아올 때, 오해가 생기고 갈등이 생깁니다. 이럴 때 필요한 건 섬세한 관찰력입니다. 상대의 목소리가 낮아졌는지, 말투가 단조로워졌는지, 표정이 굳었는지, 눈빛이 흔들리는지 그 작은 신호를 읽는 것이 진짜 사회성입니다. 이 감각이 부족하면 의도치 않게 상처를 주고도 모릅니다. 그래서 "저 사람은 피곤해"라는 말이 돌아오고, 결국 사람들 사이에서도 외로워집니다. 관계가 많아도 마음을 나눌 사람은 점점 사라집니다. 사람들 속에서 느끼는 고독은 더 크기 때문에 관계의 크기만큼 고독이 커집니다. 그 공허함을 막아주는 게 바로 배려와 공감의 힘입니다.

그리고 잊지 마세요. 관계는 '나중에'가 아니라 '지금'에서 지켜집니다. "언제 밥 한번 먹자"라는 말보다 오늘 바로 함께하는 한 끼가 관계를 지킵니다. 행복도 마찬가지입니다. "나중에 행복해야지" 하면 결국 그 시간은 오지 않습니다. 행복은 기다림이 아니라 지금의 선택입니다. 내일은 오늘보다 더 빠르게 지나갑니다. 미뤘던 행복은 다시 돌아오지 않습니다. 먹고 싶으면 먹고, 만나고 싶으면 만나고, 하고 싶은 일이 있으면 바로 해보세요. 결국 인간관계의 비밀은 특별한 능력이 아니라 눈치와 존중입니다. 타인의 감정을 느끼는 힘, 그리고 그 마음을 존중할 줄 아는 태도. 이 두 가지가 사람을 잃지 않게 하고, 내일로 미루지 않은 오늘이 당신의 인생을 따뜻하게 만듭니다.

삶은 복잡하지 않습니다. 조금 더 느끼고, 조금 더 이해하면 됩니다.

그게 사람을 오래 남기는 진짜 비밀입니다.

인생을 가볍게 사는 방법

내가 그것까지 신경 써야 합니까?

이 말이 차갑게 들리시나요?

이 말은 냉정한 게 아니라 마음의 평화를 위한

하나의 선택입니다.

현명한 사람은 침묵과 무표정을 잘 씁니다.

침묵은 약함이 아니고 무표정은 냉정이 아닙니다.

내 에너지를 지키는 단단한 방패입니다.

세상이 아무리 시끄러워도 내 마음이 고요하면

이미 이긴 것입니다.

내가 그것까지 다 신경 써야 합니까?

그 한마디면 충분합니다.

기분 관리가 인생 관리입니다

기분 관리가 곧 인생 관리라는 말이 있습니다. 맞는 말입니다. 기분 하나 못 다스려서 망치는 게 인생입니다. 기분을 다스리지 못해서 관계가 끊어지고 서운함을 못 다스려서 가족이 멀어지고 우울을 못 다스려서 몸까지 병듭니다. 기분은 순간일 뿐인데 그 순간을 못 다스리면 평생의 인생이 흔들립니다. 이 말은 결코 과장이 아닙니다. 사람이 마음이 편할 땐 어떤 것이든 별일이 되지 않습니다. 남이 조금 무례하게 해도 괜찮다고 넘어갑니다. 하지만 마음이 불편하면 같은 말도 비수처럼 꽂힙니다. 그 작은 기분의 차이가 관계의 거리를 만듭니다.

감정을 다루지 못하면 작은 일에도 휘둘립니다. 길거리에서 누가 쳐다보면 괜히 오해하고, 누군가의 말 한마디에도 하루 종일 마음이 흔들립니다. 반대로 마음을 다스릴 줄 알면 세상이 요동쳐도 내 중심은 무너지지 않습니다. 바람에 흔들리는 갈대가 아니라, 단단한 산처럼 말이죠. 기분이란 건 작은 바람 같지만, 그 바람 하나가 내 인생 전체를 흔듭니다. 그래서 마음을 다스린다는 건 단순한 감정의 문제가 아니라 삶 전체를 지키는 일입니다. 젊을 땐 기분이야 얼마든지 망쳐도 다시 기회가 있습니다. 하지만 나이가 들수록 시간의 속도는 빨라집니다.

60대는 60km, 80대는 80km로 달려갑니다. 그만큼 한 번의 감정 실수는 내일의 관계, 내일의 건강, 내일의 인생까지 영향을 미칩니다. 남편이 기분 나쁘다고 술에 기대면 가정이 삐걱거리고, 아내가 서운하다고 말없이 삭히면 부부 사이는 금세 멀어집니다. 자식에게 괜히 짜증을 부리면 그게 마음의 상처가 되고, 직장과 사회생활도 마찬가지입니다. 한번 내뱉은 말,

한번 지어진 표정은 돌아오지 않습니다. 그래서 마음을 다스리는 일은 감정의 문제가 아니라, 결국 내 인간관계를 지키는 일이고, 건강을 보살피는 일이자, 남은 시간을 아름답게 가꾸는 일입니다. 그렇다면 어떻게 해야 내 감정을 잘 다룰 수 있을까요? 방법은 세 가지입니다.

첫째, 알아차리세요. 기분은 저절로 생깁니다. 아침에 날씨가 흐리면 괜히 우울하고, 몸이 피곤하면 작은 일에도 짜증이 납니다. 이때 "아, 내가 지금 화가 올라오고 있구나", "지금 내가 서운하구나" 하고 알아차리세요. 알아차리는 순간, 이미 절반은 다스려진 겁니다.

둘째, 멈추세요. 화가 올라올 때 바로 말하면 후회합니다. 서운할 때 바로 행동하면 관계가 깨집니다. 감정이 올라오는 순간 멈추는 연습이 필요합니다. 한 박자 쉬고, 심호흡 한번 하고, 말은 나중에 해도 늦지 않습니다.

셋째, 시선을 돌리세요. 기분을 바꾸려면 시선을 바꿔야 합니다. 꽃을 보거나, 음악을 듣거나, 잠시 하늘을 올려다보세요. 마음은 물과 같아서 혼탁할 때는 가만히 두어야 맑아집니다. 억지로 해결하려 하지 말고 잠시 두고 보세요. 그러면 감정은 자연스럽게 가라앉습니다. 행복은 먼 곳에 있지 않습니다. 오늘의 마음 하나를 부드럽게 다루는 것이 바로 행복입니다. 기분이 나쁘면 밥맛도 없고, 가족의 얼굴조차 짜증스럽고, 잠마저 뒤척이게 됩니다. 그만큼 마음의 온도 하나가 인생 전체를 바꿔 놓을 수 있습니다.

인생을 크게 바꾸려 하지 마세요.

오늘 내 마음의 온도부터 살피세요.

오늘이 평온해야 내일의 인생도 편안합니다.

지금이
당신의 황금기입니다

20대로 돌아간다면 지금이 달라지지 않았을까?

40대, 그 시절에 다시 시작할 수 있다면

지금 더 잘 살지 않았을까?

사는 게 퍽퍽할 때면 이런 생각이 듭니다.

돌아보면 누구에게나 풋풋했던 시절과

뭉클한 기억들이 있습니다. 힘들다고 여겼던 시간조차

시간이 흐르면 다 눈부신 순간이 됩니다.

80대는 60대를 바라보며 아직 한창이라고 말하고

90대는 70대를 바라보며 인생의 황금기라고 말합니다.

결국 지금 이 순간이 내 인생에서

가장 좋은 젊은 날입니다.

어제는 이미 흘러갔고 내일은 오지 않았습니다.

오늘 지금이 당신 인생의 황금빛 순간입니다.

착하게 살았는데 왜 착한 끝은 오지 않는 걸까요?

착하게 살면 착한 끝이 있다고 합니다. 하지만 현실은 그렇지 않아 보일 때가 많습니다. 성실히 살아도 병이 오고, 억울한 일을 당하기도 합니다. 반대로 거짓과 이기심으로 일군 부가 겉으론 번듯해 보이기도 하지요. 그럴 때 마음속에 질문이 일어납니다.

"정말 세상에 정의가 있긴 한 걸까?"

"착하게 살아서 뭐 하나?"

하지만 그럴 때일수록, 더 멀리 봐야 합니다. 인생은 단순한 공식처럼 움직이지 않습니다. 눈앞에 보이는 건 짧은 한 장면일 뿐, 우리가 다 알지 못하는 긴 흐름이 있습니다. 지금 누군가가 잘나 보이는 건 그 사람이 오늘 갑자기 얻은 결과가 아닙니다. 어쩌면 오래전 그가 심어둔 씨앗이 이제야 열매를 맺은 것일지도 모릅니다. 그리고 그 열매가 다 떨어지고 나면, 그 사람의 본모습이 드러납니다. 겉으론 화려해도 속은 썩은 인생, 그것이 진짜 성공일 수 있을까요? 성공은 돈의 액수가 아니라 내가 얼마나 평화롭고 자유로운가에 달려 있습니다.

젊을 때 남보다 성실하고 정직하게 살면 그만큼 보상받을 거라 믿었습니다. 하지만 나이가 들수록 느낍니다. 세상은 꼭 그렇게 단순하지 않다는 것을요. 그러나 실망할 필요는 없습니다. 결국 인생은 내가 심은 만큼 거두는 과정이기 때문입니다. 지금의 열매가 마음에 들지 않는다면, 오늘부터 새로운 씨앗을 심으면 됩니다. 농부가 오늘 심은 콩을 내일 바로 거두지 않듯, 우리 인생의 열매도 때를 기다려야 합니다. 태풍도, 가뭄도 지나야 합니다. 농부는 씨앗을 의심하지 않습니다. 시간이 지나면 반드시 열매를 맺는다는 걸 알기 때문입니다. 지금 착하게 살고 있음에도 고통이 온다면, 그건 오래전 내가 심은 씨앗의 열매일 수도 있습니다.

그 시간이 지나면 지금 새로 심은 선의 씨앗이 열매를 맺을 것입니다. 그러니 원망하거나 조급해하지 마세요. 착한 끝이 없는 게 아니라, 아직 그 씨앗이 때를 만나지 않았을 뿐입니다.

마음을 괴롭게 만드는 건 세상이 아니라 내 안의 집착과 원망입니다. 집착은 나를 묶고, 원망은 내 마음을 어둡게 만듭니다. 용서하세요. 그 사람을 위한 것이 아니라, 내 마음을 자유롭게 하기 위해서입니다. 놓아주세요. "반드시 이겨야 한다", "내 자식은 반드시 이렇게 돼야 한다." 그 생각이 나를 괴롭힙니다. 들여다보세요. 마음이 흔들릴 때는 내가 왜 흔들리는지를. 화를 냈다면 왜 내가 그 말에 화를 냈는지를. 그게 바로 수행이고 성장입니다.

이제는 삶의 후반전입니다. 젊을 땐 열심히 사는 게 미덕이었지만, 이제는 잘 사는 게 중요합니다. 비교하지 않고, 단순하게, 오늘 내가 짓는 말과 행동에 집중하세요. 버스 기사님께 "수고 많으십니다." 편의점 직원에게 "고맙습니다." 그 한마디가 바로 선의 씨앗입니다.

그 씨앗이 내일의 내 마음을 바꿉니다. 착한 끝이 없는 게 아닙니다. 아직 때가 덜 무르익었을 뿐입니다. 그 끝은 화려한 성공이 아니라, 평화로운 마음으로 맞이하는 노년일 것입니다.

그때 깨닫게 될 겁니다.

"아, 내가 괜히 억울해했구나."

결국 인생은 내가 심고, 내가 거두는 길이었음을.

그 깨달음이 바로 착하게 살아온 사람에게 주어지는 가장 고요하고 깊은 보상입니다.

2장
사람 때문에 힘들다면

딱 2가지만 하면 확실하게 행복합니다

오늘이 힘든 이유는 욕심도 많고

남들과 비교해서입니다.

부디 남과 비교하지 마세요.

사람은 다 다릅니다.

얼굴도 성격도 걸어가는 속도도 다릅니다.

그런데 우리는 습관처럼 옆 사람을 바라봅니다.

"저 사람은 저만큼 갔는데, 나는 왜 아직 여기 있을까?"

그 순간 시기와 초조가 스며듭니다. 잘 살고 못 살고의 문제가

아니라, 그저 길이 다를 뿐입니다.

나답게 사는 것, 그것으로 충분합니다.

좋아 보인다고 다 욕심내면서 내 것으로 만들려고 하면

인생이 괴로워집니다.

세상에 내가 꼭 소유하지 않아도

충분히 누릴 수 있는 게 많습니다.

꽃은 꺾지 않아도 아름답고

하늘은 내 것이 아니어도 내 눈에 담을 수 있습니다.

저것은 내 것이어야 한다는 집착을 내려놓으면

마음이 훨씬 가벼워집니다.

행복하게 사는 법은 생각보다 어렵지 않습니다.

불안과 걱정 단번에 확 끊는 방법

마음이 무겁습니까?

미래가 불안한가요?

그럴 땐 앉아서 고민하지 마세요.

지금 당장 몸부터 움직이세요.

불안과 걱정은 머릿속에서 굴려서는

절대 풀리지 않습니다.

행동만이 끊을 수 있습니다.

지금 자리에서 일어나 할 수 있는 일을 하나 정하세요.

방을 정리하거나 밖에 나가 10분이라도 걸으세요.

걷는 동안은 오직 호흡에만 집중해 보십시오.

숨이 오가는 그 순간, 불안은 점점 힘을 잃습니다.

미움이 올라올 때도 마찬가지입니다.

그 사람 내 인생에 중요하지 않은 인연입니다.

그저 흘러가게 두세요.

미움에 매달리는 순간 내 마음만 상합니다.

또 나를 깎아내리는 생각이 들 때는

내가 살아오며 남에게 베푼 작은 일이라도 떠올리세요.

그게 나를 살리고 내 마음을 단단하게 만듭니다.

불안, 미움, 그리고 뱃살까지

모두 움직이는 순간 달라집니다.

생각 속에 갇히지 말고 지금 바로 몸을 일으키십시오.

그게 가장 빠른 해답입니다.

이제는 시대가 달라져서 인성도 중요합니다

우리 때는 일만 잘하면 됐습니다. 회사에서 성과만 내면 인정받았고 집안에서 돈만 벌어오면 가장 역할 다했다고 생각했습니다. 그런데 요즘은 다릅니다. 말 한마디, 표정 하나, 태도 한 줄이 그 사람의 품격을 보여주는 시대가 되었습니다. 문제는 시대는 변했는데, 여전히 많은 중년이 '나는 일만 잘하면 된다'고 믿고 있다는 것입니다. 그 지점에서 괴리가 생깁니다.

우리는 가난을 이겨내고 앞으로 나아가는데 급급했습니다. 성과와 생존이 전부였습니다. 사람 됨됨이보다 돈을 벌어오는 게 우선이었고 집에서는 밥상 차려주는 게 사랑이라고 배웠습니다. 그렇기에 일만 잘하면 된다고 믿고 살아왔습니다.

어느 순간 돌아보니 사람들은 이렇게 말합니다. "그 사람 능력은 있는데 인성이 별로야." 예전에는 그냥 성격이 좀 까칠하다고 생각하고 넘어갔습니다. 지금은 아닙니다. 말 한마디, 태도 하나가 그대로 낙인이 됩니다. 이건 젊은 세대만의 일이 아닙니다. 중년, 노년에게도 똑같이 적용됩니다. 성과로는 잠깐 빛날 수 있지만 인성이 없으면 결국 관계가 끊어집니다. 회사에서 갑질이라는 말이 나오고 집에서는 소통 부재라는 말이 나옵니다. 결국 사람은 능력으로 오래 가는 게 아니라 마음으로 평가받는 시대가 온 것입니다.

돌아보면 이런 생각이 들 수 있습니다. "내가 그렇게 헌신했는데 왜 다들 나한테 무심하지?", "가족을 위해, 회사를 위해 이렇게 열심히 일했는데 이제 쓸모가 다 한 건가?" 이 허전함이 괴롭게 느껴질 겁니다. 너무 서운합니다. 나의 희생이 헌신짝이 된 것처럼 느껴지기 때문입니다.

하지만 인성이라는 게 뭔가요? 그건 도덕 교과서 속 '착함'이 아닙니다. 상대의 말을 끝까지 들어주는 귀, 감정을 조절할 줄 아는 지혜, 작은 일에도 "고마워요"라고 말할 줄 아는 따뜻한 마음. 이게 진짜 인성입니다. 능력은 사람을 끌어오게 하지만, 인성은 사람을 곁에 머물게 합니다. 성과는 잠깐의 빛이고, 인성은 오래 남는 온기입니다.

지금이라도 인성을 세워야 내 남은 인생이 편안해집니다. 그럼 어떻게 인성을 다시 세울 수 있을까요? 우선 말투를 낮춰야 합니다. 나이 들수록 목소리가 올라갑니다. 인정의 한마디를 하세요. 가족이든 후배든 그거 참 잘했네, 이 말 한마디면 관계가 살아납니다. 위로는 잠깐이지만 인정은 오래갑니다. 감정 조절은 필수입니다. 화가 나도 바로 내뱉지 마세요. 숨 고르는 훈련이 필요합니다. 감사의 습관을 기르세요. 밥상 앞에서 고맙다, 전화 끝에 수고했다 이런 소소한 감사가 쌓이면 관계는 달라집니다. 인사의 힘을 잊지 마세요. 인사는 예의가 아니라 존중의 표시입니다. 내려놓으세요. 내 말이 다 정답이 아닙니다. 자식이 나와 다른 길을 가도 배우자가 내 뜻과 달라도 그냥 두고 보는 게 필요합니다. 내려놓음이 곧 존중입니다.

이제는 '일만 잘하면 되는 시대'는 끝났습니다. 지금은 사람의 마음을 살피는 시대입니다. 성과보다 관계가, 업적보다 품성이 더 큰 힘을 가집니다. 인성은 늦게 시작해도 괜찮습니다. 지금부터라도 마음의 온도를 세운다면, 남은 인생은 훨씬 더 따뜻하고 편안해질 것입니다.

고집불통과 싸우지 마세요

내 말은 절대 틀릴리 없다고

자기 고집만 부리는 사람들이 꼭 있습니다.

그런 사람과 맞설수록 진만 빠지고 끝이 없습니다.

남는 건 피곤함 뿐입니다.

지혜로운 방법은 맞서는 게 아닙니다.

그런 사람과는 길게 말하지 말고

짧고 단호하게 선만 그으면 됩니다.

괜히 설득하려 들면 내 기운만 빠집니다.

결국 자기 말만 옳다고 하는 사람은

자기 얘기만 듣고 살다가 세상이 끝납니다.

인생은 아는 만큼 보이고

보이는 만큼만 사는 것입니다.

그러니 내 마음만 잘 지키세요.

고집 센 사람과의 씨름 그만하고 웃으며 흘려보내세요.

나이가 들수록 더 괴로운 이유

왜 나이가 들수록 점점 더 외롭고 허전할까요?

몸은 예전 같지 않고 가족은 나를 잘 챙기지 않는 것 같고 세상은 점점 나와 상관없이 돌아갑니다. 나란 존재는 필요하지 않나? 무기력한 생각이 자주 듭니다. 많은 분이 이렇게 말합니다.

"자식이 나를 좀 더 챙겨줘야 하는 거 아닌가?"

"배우자가 내 마음을 알아주면 좀 덜 외롭지 않을까?"

"내 몸이 예전 같으면 이렇게 허전하지 않을 텐데."

이런 생각에서 괴로움이 시작됩니다. 세상이 내 뜻대로 움직이길 바라는 마음, 사람들이 내 마음처럼 대해주길 바라는 기대가 우리를 힘들게 합니다.

그 기대가 무너질 때 서운함이 밀려오고, 그 서운함이 외로움이 됩니다. 사실 외로움의 근본 원인은 혼자이기 때문이 아니라, 혼자 있는 자신을 어떻게 대하느냐에 달려 있습니다. 젊었을 땐 가족을 위해, 회사를 위해, 하루하루 살아내느라 진짜 '나'를 들여다볼 시간이 없었습니다. 그런데 이제 시간이 생기니 그 빈자리가 허전하게 느껴지는 겁니다. 외로움이 아니라 공백이 드러난 것입니다. 이제부터는 그 공백을 채워야 합니다. 혼자 밥 먹는 시간, 혼자 걷는 시간, 혼자 병원에 가는 시간조차도 '고독'이 아니라 '쉼'으로 바라보세요. 누구를 위해 차리던 밥상을 이번엔 나를 위해 차려보세요. 혼자 마시는 차 한 잔에도 향과 온기를 느껴보세요. 혼자 있을 때 나를 챙기고 나를 위하는 훈련을 해야 합니다. 손해 보는 연습도 해야 합니다. 노년에는 더 이상 얻으려 하기보다 나누고 베푸는 게 행복입니다. 왜 나만 먼저 연락해야 해? 왜 나만 챙겨야 해?

이런 계산은 관계에서 하지 말아야 합니다. 손해처럼 보이는 것이 결국 다 내 복으로 돌아옵니다.

노후에 관계가 깨지는 가장 큰 이유는 화 때문입니다. 화가 나면 말은 쏟아지고 마음은 후회합니다. 그 말은 결국 나를 다치게 합니다. 화를 내기 전, 단 한 가지 질문을 해보세요. "지금 꼭 이 말을 해야 할까?" 이 한마디만으로 관계가 달라집니다.

옆집 김 씨 아저씨는 자식에게 기대하다가 상처받고 서운해서 매일 술로 풀고 삽니다. 결국 병만 얻습니다. 반면에 혼자 사는 이웃 할머니는 아침마다 동네 사람들에게 인사합니다. 시장에서도 수고 많으십니다, 하고 웃어줍니다. 그분은 늘 환영을 받습니다. 혼자라는 사실은 똑같은데 무엇이 다를까요? 기대를 버리고 작은 관계를 이어가는 힘이 있느냐 없느냐 그 차이입니다. 그 차이가 행복을 가릅니다. 나이 들어 괴로운 진짜 이유는 세상이 내 마음 같기를 바라기 때문입니다.

세상은 변하지 않습니다. 내가 변해야 괴로움에서 벗어납니다. 기대를 내려놓고 혼자 있는 법을 익히고 인사와 감사, 배려와 내려놓음을 하루에 한 번씩 실천해 보세요. 그 연습이 노후를 고요하고 단단하게 만들어줍니다.

인간관계 잘 맺는 5가지 비법

인간관계에는 단순하지만 강력한 법칙이 있습니다.

첫째, 모두에게 사랑받으려 하지 마세요.

열 명의 사람을 만나면 그중에 꼭 있습니다.

이유 없이 나를 좋아하는 사람

이유 없이 나를 싫어하는 사람

나머지 대부분은 사실 나에게 큰 관심이 없습니다.

이 단순한 진실을 받아들이면 마음이 훨씬 편안해집니다.

둘째, 미움받는 걸 두려워하지 마세요.

남의 눈치를 보며 내 마음을 꾹 눌러놓으면

결국 상처받는 건 나 자신입니다.

누구에게나 마음을 다 주려다 보면

정작 나를 잃어버리게 됩니다.

좋은 관계는 비굴함이 아니라 진심에서 시작됩니다.

셋째, 거절할 줄 아는 용기를 가지세요.

도와주고 싶지 않은 일에는 "이번엔 어렵겠어요."

이 한마디면 충분합니다.

거절이 관계를 망치는 게 아니라

무리한 수락이 나를 망칩니다.

사람들은 각자 자기 이익대로 생각하고

내 선택의 결과를 대신 책임져주지 않습니다.

넷째, 괜한 오해에 마음 쓰지 마세요.

누군가 인사를 안 했다고,

표정이 굳었다고, 그게 꼭 나 때문은 아닙니다.

그 사람도 자기 사정이 있을 수 있습니다.

괜히 마음속에서 시나리오를 만들지 마세요.

"그럴 수도 있지."

이 한마디가 마음의 평화를 지켜줍니다.

다섯째, 모든 사람에게 좋은 사람이 되려 하지 마세요.

모두를 만족시키려다 보면

진짜 소중한 사람조차 놓칩니다.

착하게 산다는 건

모든 사람에게 '예스' 하는 게 아니라,

나답게 살면서도 누군가에게 따뜻한 사람이 되는 것입니다.

관계는 기술이 아니라 균형의 지혜입니다.

나를 해치지 않으면서도,

타인에게 따뜻할 수 있는 그 거리를 지키는 것.

그게 바로 인간관계를 편하게 만드는 진짜 비법입니다.

해로운 인연을 흘려보내야 하는 이유
정이 많아서 상처받는 당신에게

많은 사람이 말합니다. "나는 정이 많아서 문제야." "사람 좋다는 소리, 이제는 듣기 싫어요." 그 마음, 이해됩니다. 왜냐하면 정은 원래 귀한 것이지만, 아무 데나 흘리면 상처로 돌아오기 때문입니다. 정이 많다는 건 나쁜 게 아닙니다. 하지만 정의 방향을 모르면 그건 따뜻함이 아니라 자기 소모가 됩니다. 한 번쯤은 물어야 합니다. "이 사람에게 마음을 써도 될까?" 그 질문에 대한 답이 나오지 않는다면 한번 생각해 볼 필요가 있습니다. 이런 인연은 조용히 멀어져야 합니다.

만날수록 기운이 빠지는 사람입니다. 만나고 나면 밝아지는 게 아니라 더 허탈하고 지치는 사람이 있습니다. 늘 불평, 비교, 불만 같은 말을 던지는 사람은 내 삶을 피곤하게 만들 뿐입니다. 여기에 정을 주면 내 에너지가 다 빼앗깁니다. 감정 폭발이 습관인 사람도 피해야 합니다. 사소한 말에도 화내고 늘 이해해 주길 바라는 사람이 있습니다. 뭘 그렇게 맨날 이해해 줘야 하나요? 그건 이해가 아니라 인질입니다. 그런 사람한테 정을 쓰면은 결국 내가 병납니다. 겉과 속이 다른 사람도 피해야 합니다. 앞에서는 웃고 칭찬하지만 뒤에서는 계산만 하는 사람. 필요할 때만 연락하고 이익 없으면 손절하는 사람. 한마디로 얍삽한 사람이 있습니다. 그 사람에게 정을 주면 결국 이용당하고 버려집니다. 나를 수렁에 빠뜨리는 사람도 피해야 합니다. 맨날 술만 권하거나 나쁜 습관만 부추기는 사람과 함께하면 결국 내 몸을 버리고 내 가정이 흔들립니다. 해로운 인연은 이렇게 티가 납니다. 해로운 사람 곁에 오래 있으면 내 마음이 지치고 좋은 습관은 다 사라지고 오히려 나쁜 태도만 물들게 됩니다.

반대로 정을 줘야 하는 사람이 있습니다. 함께 크는 사람입니다. 내가 마음을 쓰면 그 사람도 더 건강해지고 나도 편안해지는 관계가 있습니다. 동네 친구 중에도 그런 사람이 있습니다. 내가 안부를 묻고 챙기면 그 사람도 내 기분을 챙겨주고 같이 산책하면서 웃고 떠들면 마음이 가볍습니다. 함께 마음과 건강이 자라는 인연, 이런 인연은 오래갑니다. 고마워할 줄 아는 사람도 좋은 사람입니다. 정은 꼭 무언가 거대한 것으로 갚아야 하는 게 아닙니다. 고맙다는 말 한마디면 충분합니다. 작은 도움에도 감사할 줄 아는 사람에게 쓰는 정은 절대 헛되지 않습니다. 스스로 책임지려 하는 사람에게도 정을 쏟아야 합니다. 자기 몫의 해야 하는 일도 안 하고 늘 남만 붙들고 질척대는 사람에게 정을 쓰면 집착이 되지만 자기 길을 걸어가려는 사람을 도우면 내 복으로 돌아옵니다. 정은 많을수록 좋지만, 그 정이 향해야 할 방향을 아는 지혜가 필요합니다.

정은 바다처럼 넓되, 흘려보낼 줄도 알아야 합니다. 진짜 따뜻함은 모두에게 주는 것이 아니라, 머물러야 할 사람에게 머무는 것입니다. 해로운 인연은 냉정하게 끊고, 좋은 인연은 따뜻하게 이어가세요. 그게 결국 내 마음을 살리고 내 인생을 가볍게 하는 길입니다.

보내줄 사람은 보내주세요

그땐 몰랐습니다.

그 사람이, 그 시간이 평생 곁에 있을 줄 알았습니다.

가족도, 친구도, 직장도 다 영원할 줄만 알았지요.

그런데 모든 인연에는 때가 있습니다.

떠날 사람은 어떤 노력으로도 붙잡을 수 없고

남을 사람은 굳이 붙잡지 않아도 남습니다.

보내줘야 하는 사람은 보내줘야 합니다.

내 일상을 함께 웃어주고 울어줘서 고마웠다.

안녕히 가라. 이렇게 감사히 인사를 할 때

그 인연은 짐이 아니라 내 삶을 빛낸 추억이 됩니다.

너무 서글퍼하지 마세요.

그때 그 사람, 그때 그 시간은 이미 내 가슴 속에

아름다운 추억으로 남아 있습니다.

인생은 짧습니다.

오늘 곁에 있는 인연에게 더 따뜻하게 감사해하고

떠나는 인연에는 고맙다며 잘 가라고 인사하십시오.

잘 보내야 또 새로운 인연이 다가옵니다.

속 편하게 살려면 지켜야 할 5가지

속 편하게 살려면, 내려놓는 법부터 배워야 합니다

마음이 복잡할수록 세상이 복잡해 보입니다.

그런데 잘 들여다보면, 괴로운 건 세상이 아니라

그걸 받아들이는 내 마음의 틀입니다.

조금만 내려놓으면,

삶은 생각보다 단순해지고 훨씬 가벼워집니다.

속 편하게 살고 싶다면 이 다섯 가지만 기억하세요.

1. 기대하지 마세요.

사람에게 기대하는 순간, 실망이 따라옵니다.

누군가가 내 뜻대로 움직여주길 바라면

그때부터 마음은 흔들립니다.

기대 대신 '아, 그럴 수도 있구나' 하고 흘려보내면

마음이 훨씬 편안해집니다.

2. 비교하지 마세요.

비교는 마음을 병들게 하는 독입니다.

남의 속도와 내 속도는 다릅니다.

남이 앞서간다고 초조해할 필요 없습니다.

당신은 이미 당신의 길 위에 있습니다.

3. 해석하지 마세요.

누가 나를 무시하는 것 같거나

어떤 말에 숨은 뜻이 있는 것 같다는 생각은

대부분 내 마음이 만들어낸 그림자일 뿐입니다.

진실보다 상상 때문에 더 지칩니다.

그냥 "그래, 그런 일도 있겠지." 하고 흘리세요.

넷째, 붙잡으려 하지 마세요.

사람도, 감정도, 인연도

붙잡으려 하면 도망갑니다.

흐르는 건 흘러가게 두는 게 자연의 법입니다.

억지로 쥐지 않으면 마음이 덜 아픕니다.

다섯째, 결과에 집착하지 마세요.

씨앗을 심었다면, 열매는 때가 되어야 맺힙니다.

지금의 노력이 당장 보이지 않는다고

불안해할 필요 없습니다.

노력은 오늘 하지만, 결과는 내일 옵니다.

마음이 편하다는 건

세상이 내 뜻대로 되는 게 아니라

내가 세상을 그대로 받아들이는 법을 배웠다는 뜻입니다.

기대 하나, 비교 하나만 내려놔도

인생은 훨씬 가벼워집니다.

속 편한 사람은 세상을 바꾸는 사람이 아니라

자기 마음을 먼저 다스린 사람입니다.

무시당하지 않는 방법

사람들은 이런 애기를 자주합니다. 나는 왜 늘 무시당할까? 저 사람은 왜 나를 함부로 대할까? 그럴 때 억울한 마음이 드는 건 당연합니다. 하지만 잘 들여다보면 중요한 사실 하나가 있습니다. 내가 나를 존중하지 않으면 남도 나를 존중하지 않는다는 것입니다. 이건 삶의 이치입니다. 내가 나를 하찮게 여기는데 남이 나를 귀하게 대할리 없습니다. 내가 나를 귀하게 여기면 남도 감히 함부로 대하지 못합니다.

무시당하지 않는 삶의 비밀이 몇 가지 있습니다.

몸의 태도를 알아차리세요.

사람이 무시당하는 순간 몸이 먼저 압니다. 심장이 철렁하고 목이 막히고 말이 안 나옵니다. 밤새 뒤척이며 왜 나는 그때 아무 말도 못 했을까 후회합니다. 무기력해지고 의지가 없어집니다. 이게 몸이 보내는 신호입니다. 중요한 건 태도입니다. 그럴 때 눈을 피하고 침묵하면 상대는 저 사람 만만하다고 생각합니다. 차분히 시선을 맞추고 '저는 이렇게 생각합니다'라고 말하세요. 그 한마디면 충분합니다. 말을 아끼되 할 말은 담담히 해야 합니다. 몸의 태도에서 존중이 시작되기 때문입니다.

마음이 깨닫는 순간이 있습니다.

흔히 저 사람이 나를 무시했다고 말합니다. 하지만 따지고 보면 내가 내 마음을 붙잡지 못한 것일 수도 있습니다. 상대가 무슨 말을 해도 내가 받아들이지 않으면 그것은 내 것이 되지 않습니다. 욕을 들어도 내가 거부하면, 그 말은 그냥 공기 중으로 흘러갈 뿐입니다.

존중은 관계 속에서 드러납니다.

사람이 가장 괴로운 건 가난이 아닙니다. 병이든 순간도 아닙니다. 내 존재가 무가치하다는 그 느낌이 제일 괴롭습니다. 고독은 존중받지 못하는 아픔입니다. 반대로 작은 순간에 존중을 느낄 수도 있습니다. 예를 들어 밥상에서 반찬을 만든 아내에게 맛있다, 잘 먹었다 하고 대충 말하면 금방 잊힙니다. 하지만 김치 맛이 참 좋네, 며칠이나 애쓴 거요? 이렇게 말하면 다릅니다. 그건 단순한 위로가 아니라 인정이기 때문입니다. 위로는 흘러가지만 인정은 마음에 남습니다. 사람은 자기를 인정해 준 일을 절대 잊지 않습니다. 그런 사람을 감히 무시하지 못합니다. 무시당하지 않는 삶의 비밀은 특별한 게 아닙니다. 몸의 태도, 마음의 자각, 관계 속의 존중이 끝입니다. 이 세 가지만 지키면 됩니다.

작은 약속을 지키는 것도 마찬가지입니다. 약속을 지키는 사람을 무시하는 이는 없습니다. 상대의 말을 끝까지 들어주고, 내가 나를 존중하는 태도를 놓치지 않는 것. 그게 다입니다.

당신은 이미 잘 살고 계십니다. 무시당할 이유가 없는 소중한 존재입니다. 오늘부터 내가 나를 존중해 보십시오. 그게 곧 남에게 존중받는 길입니다.

자식은 붙잡는 게 아니라 내보내야 합니다

자식과의 관계는 시간이 흐를수록 달라집니다. 어릴 때 조금만 떨어져도 나부터 찾던 아이는 점점 중요한 것이 많아지기 시작합니다. 나는 나이 들어가고, 아이는 커가면서 함께 웃던 시간보다 말 없는 시간이 더 늘어갑니다. 밥 먹자고 불러도 방으로 들어가 버리고 예전처럼 속 얘기는커녕 눈도 잘 안 마주칩니다. 그런 아이를 보면 내가 뭘 잘못했나? 내가 이렇게 희생했는데 이젠 나를 싫어하나? 온갖 생각이 듭니다. 그런 생각이 드는 이유는 생각보다 단순합니다. 자녀가 변한 게 아니라 내가 사랑이라는 이름으로 집착과 기대를 했기 때문입니다. 부모는 사랑이라고 하지만 자녀는 압박으로 느낍니다. 그 차이가 결국 자녀를 멀어지게 하는 겁니다. 부모 마음은 다 그렇습니다. 내가 너를 위해 이렇게 살았다. 내가 너 때문에 희생했다고 말하고는 사랑이라 포장합니다.

하지만 자녀 입장에서는 빚 독촉처럼 들립니다. 내가 이렇게 해줬으니 너도 내 마음을 알아야 한다는 기대가 숨 막히는 짐이 되는 겁니다. 내가 늙어서 쓸쓸하다, 너라도 자주 와라. 내가 몸이 안 좋으니 네가 책임져야 한다. 이렇게 말하는 건 사랑이 아니라 짐입니다. 부모가 무너지면 안 됩니다. 부모가 기대고 의존할수록 자녀는 오히려 도망갑니다. 자녀는 곁에 두기 위해 키우는 게 아니라, 세상으로 내보내기 위해 키우는 존재입니다. 내가 없어도 잘 서게 만드는 게 진짜 사랑입니다. 붙잡는 사랑은 집착이고 놓아주는 사랑은 신뢰입니다. 자식을 내 인생의 주인공으로 삼는 순간 사랑이 아니라 집착이 됩니다. 내가 놓아줄 때 자녀는 오히려 자유롭게 내 곁에 옵니다. 그게 진짜 사랑입니다.

하지만 대부분 반대로 생각합니다. 사랑한다는 이유로 간섭하고 희생하고 대신 살아주려 합니다. 결과는 어떤가요? 자녀는 숨막혀 하고 부모는 내가 이렇게 했는데 하며 억울해합니다. 사랑은 간섭도 희생도 아닙니다. 사랑은 너 없이도 괜찮다고 하면서 내보내는 겁니다.

나의 진짜 사랑인 자녀와 거리두기를 해야 합니다. 외로움, 불안, 후회 같은 문제를 자녀와 토로하지 마세요. 부부 갈등을 자식에게 풀지 말고 자녀를 친구로 삼지 마세요. 외로움을 달래려 자녀만 붙잡으면 결국 더 멀어집니다. 감사와 인정만 남겨 주세요. 마음에 안 들어도 듣지도 않는 잔소리는 거두고 그 대신 "잘하고 있구나" 한마디로 충분합니다.

사랑은 간섭이 아닙니다. 자녀의 길을 바꾸려는 게 아니라 그 길을 존중해주는 게 사랑입니다. 자녀를 자유롭게 두는 것이 부모가 줄 수 있는 최고의 선물입니다. 부모가 집착을 내려놓을 때, 비로소 자녀도 자유로워지고 부모의 마음에도 평화가 깃듭니다. 사랑은 붙잡을수록 멀어지고, 놓아줄수록 가까워집니다.

오늘부터는 이렇게 마음을 놓아보세요.

"이 아이는 나의 인생이 아니라, 자신의 인생을 살아갈 사람이다."

그때 비로소, 부모도 자식도 모두 살아납니다.

사는 게 버거운 이유는
짐을 내려놓지 않아서입니다

사는 게 기가 빠지시죠? 안 그래도 지치는데 사람 만나면 더 지치고 아침에 눈 뜨는 것도 싫고 심지어 집에 혼자 있어도 마음이 편치 않습니다. 나이가 들어서 기력이 딸리는 거라고 생각할 수도 있지만 진짜 이유는 단순합니다. 내가 내 인생을 나들이처럼 살지 않고 숙제하듯 살았기 때문입니다. 인생은 잠시 머물다 가는 여행입니다. 너무 짊어지지 않아야 합니다. 근데 우리는 인생을 전쟁처럼 삽니다. 짐을 짊어지고 욕심을 싸들고 체면 지키느라 허덕이다 보니 기쁨은 사라지고 기빨림만 남습니다. 사람 때문에 기빨린다고 하지만 사실은 내 마음이 문제입니다. 지금보다 훨씬 가볍고 평안하게 사는 방법이 있습니다.

먼저, 내 에너지 수준을 알아야 합니다. 이미 지쳐 있는데도 또 챙기고 또 맞추고 또 참습니다. 좋은 사람이라는 소리 듣고 싶은 욕심이 나를 소진시킵니다. 집착과 기대 때문에 기가 빠집니다. 세상이 내 뜻대로, 사람들 마음이 내 생각대로 움직여야 한다는 기대 때문에 안 되면 억울하고 속상합니다. 결국 기운이 다 빠져 버립니다.

내 욕심을 미덕으로 포장하면 안 됩니다. 나는 원래 사람 좋으니까, 나는 원래 누군가를 도와야 하니까라고 생각하는 건 미덕처럼 보이지만 사실은 자기 학대입니다. 그게 반복되면 결국 남 탓, 세상 탓하게 되고 마음은 더 무너집니다. 인생은 전쟁터가 아니라 나들이입니다. 어딘가로 나들이를 갈 때 가볍게 가는 것처럼 인생도 가볍게 살아야 합니다. 김밥 하나 사서 꽃구경 가듯 오늘 하루를 선물처럼 여기는 겁니다. 가벼움이 곧 자유라는 말처럼 짐을 내려놓아야 자유롭습니다. 결국 기가 빨린다는 건 내가 내 마음을 다스리지 못한 결과입니다. 다른 사람이 날 괴롭히는 게 아니라 내가 나를 괴롭히고 있는 것입니다.

다음으로, 경계를 세우세요. 모든 관계에 여기까지라는 선이 있어야 합니다. 아무리 가까워도 내 에너지를 다 쏟아내면 남는 건 탈진뿐입니다. 부탁하면 다 들어주고 싫어도 좋다고 말하고 속으로는 미치겠는데 겉으로는 웃으면 내가 바닥납니다. 한마디 거절한다고 관계가 끝나지 않습니다. 오히려 선이 없으면 상대도 나를 만만히 여기고 더 뜯어먹으려 합니다. 거절은 이기적인 게 아니라 내 삶을 지키는 지혜입니다.

그리고 내 욕심을 점검하세요. 사람들이 나를 인정해 줘야 한다. 내가 많이 도와줬으니 고마워해야 한다. 이런 기대가 기빨리는 것의 뿌리가 됩니다. 누군가에게 뭔가를 줬을 땐 주고 끝내야 합니다.

이젠 나를 채우는 시간을 가지세요. 사람 사이에서만 지내면 반드시 지칩니다. 하루에도 한두 시간은 조용히 나와 마주하는 시간이 꼭 필요합니다. 책 한 권 읽고 산책길에서 구름 한번 바라보고 차 한잔 마시며 나를 다독여 보세요. 이게 내 에너지를 회복하는 진짜 비밀입니다. 혼자 있는 시간은 외로운 시간이 아니라 여유 있는 시간입니다.

마지막으로 비교를 끊으세요. 저 사람은 잘사는데 나는 왜 이 모양인가 하는 생각이 들면 기가 빨립니다. 내 에너지를 뺏어가는 가장 큰 도둑이 비교입니다. 남과 비교하는 순간 나는 영원히 부족해집니다. 남의 집 불 켜진 창만 바라보며 내 집에 따뜻한 등불은 못 보는 것입니다. 빠르면 빠른 대로, 늦으면 늦은 대로 내 인생은 내 속도로 가는 것입니다.

내가 마음을 다르게 먹으면 더 이상 나의 기를 빼앗아 갈 수 없습니다. 인생은 길고도 짧은 나들이입니다. 여행처럼 잠시 왔다 가는 여정입니다. 그런데 매일 기빨리면서 산다면 그 나들이가 고통이 될 뿐입니다. 경계를 세우고, 비교를 놓고, 후회를 끊고, 감사로 삶을 채우고 혼자 설 수 있는 힘을 기르세요. 그때 비로소 내 마음은 가벼워지고 남에게 끌려다니지 않는 인생이 됩니다. 사는 게 버거운 이유는 세상이 무거워서가 아니라 내가 내려놓지 않아서입니다.

욕심, 비교, 집착, 그리고 '좋은 사람'이라는 부담까지. 하나씩 덜어내면 마음이 가벼워집니다.

삶은 원래 잠시 머물다 가는 길손의 여정입니다.

오늘 하루, 조금만 더 가볍게 걸어가세요. 그 한 걸음이 내일을 바꿉니다.

삶에 너무 많은 의미를 두지 마세요
지금도 충분합니다

나는 왜 이렇게 사는 걸까?

내 인생에 무슨 의미가 있지?

이런 생각이 드는 건 아주 자연스러운 일입니다.

하지만 의미를 너무 깊이 파고들면 삶이 점점 무거워집니다.

우리는 자꾸 특별해지려 합니다.

남보다 앞서고 싶고

무언가 대단한 의미를 남겨야 한다고

스스로를 다그칩니다.

하지만 그 욕심이 오늘의 단순한 행복을 밀어내고

지금 이 순간을 가볍게 살지 못하게 만듭니다.

삶은 애초에 대단할 필요가 없습니다.

그저 흘러가다 사라지는 흐름일 뿐입니다.

그것만으로도 충분합니다.

꽃은 피고 져도 스스로를 내세우지 않듯

길가의 풀도 스스로 빛나려 애쓰지 않습니다.

그저 피었다가 지는 것, 그 자체로

봄날의 위로가 됩니다.

우리 인생도 그렇습니다.

억지로 의미를 꾸미지 않아도,

있는 그대로의 하루가 충분히 소중합니다.

특별하지 않아도 괜찮고, 평범해도 아름답습니다.

삶에 너무 많은 의미를 두지 마세요.

지금도 충분히 괜찮습니다.

이런 관계는 당장 끊으세요

살다 보면 세상보다

사람에게 더 지칠 때가 있습니다.

마음을 다 써도 돌아오는 건 상처일 때가 있죠.

그럴 땐 단호해야 합니다.

딱 끊어야 할 관계가 있습니다.

1. 늘 나를 이용하는 사람.

필요할 때만 연락하고, 일이 끝나면 사라집니다.

내가 줄 땐 당연하고, 내가 힘들 땐 모른 척합니다.

이런 관계는 우정이 아니라 거래입니다.

2. 내 진심을 가볍게 여기는 사람.

내 말을 흘려듣고, 내 감정을 장난처럼 다룹니다.

그런 사람 곁에 있으면 마음이 마모됩니다.

존중이 없는 관계는 오래 갈수록 나를 닳게 만듭니다.

3. 늘 경쟁하려 드는 사람.

도와주는 척하지만 속으로는 비교하고 이기려 합니다.

진심이 아닌 경쟁심으로 맺어진 인연은 결국 서로를 상처 입힙니다.

4. 감정 기복이 심한 사람.

오늘은 웃고 내일은 화내고,

기분 따라 말이 바뀌고 태도가 달라집니다.

그 옆에 있으면 늘 눈치가 보이고 마음이 불안합니다.

사람은 완벽할 수 없습니다.

하지만 적어도 서로를 존중할 줄은 알아야 합니다.

내 마음을 해치는 사람은 미워할 필요도 없습니다.

그냥 조용히 거리를 두면 됩니다.

멀어질수록 관계도, 인생도 훨씬 편안해집니다.

비교가 만든 불안을 끊는 법

아, 오늘 참 아무 걱정 없구나. 이런 날이 우리 인생에 몇 번이나 있었을까요? 살다 보니 무념무상으로 살고 싶다는 생각이 절로 납니다. 그런데 마음은 잠시도 쉬지 못합니다. 계속 비교하고 걱정하고 불안해합니다. 나만 그런 게 아닙니다. 오늘도 수많은 사람이 똑같이 그런 마음을 안고 살아갑니다. 요즘 이런 이야기가 많이 들립니다. 하루도 마음 편한 날이 없고 일은 밀려 있고 돈은 부족하다고요. 남들과 비교하면 자기 자신은 너무 뒤처져 있는 것 같다고요. 어떻게 해야 불안에서 벗어날 수 있는지 궁금해하는 분이 많습니다. 남과 비교하는 습관이 있어서 비교를 멈추고 싶지만 잘 안된다는 분도 계십니다.

이런 고민은 다 우리 마음속에 있습니다. 해결의 길도 아주 단순합니다. 불안은 세상에서 오는 게 아니라, 내 안에서 자라납니다. 특히 비교할 때 불안이 자라납니다. 남과 나를 계속 저울질하면 내 삶은 늘 부족하게만 보입니다. 불안을 없애려면 비교하는 습관부터 끊어야 합니다. 비교를 끊으려면 먼저 내 마음의 균형부터 회복해야 합니다.

몸이 지치면 마음이 약해지고 마음이 약해지면 비교에 쉽게 끌려다닙니다. 나이 50이 넘으면 밤에 한 번만 뒤척여도 다음 날 하루가 무너집니다. 첫 번째로 챙겨야 하는 것은 수면입니다. 아무리 바빠도 하루 7시간 자야 합니다. 은퇴 후에나 푹 자야지라고 생각하지 마세요. 지금 못 자면 은퇴 후에 나를 기다리는 것은 병원 침대입니다.

두 번째로는 운동입니다. 운동도 거창할 거 없습니다. 지하철 한 정거장 일찍 내려서 걸으세요. 퇴근할 때 엘리베이터 대신 계단 오르세요. 이 정도로도 혈압, 혈당이 잡히고 밤에 잠도 깊게 듭니다.

세 번째는 호흡입니다. 회사에서 스트레스받거나 집에서 가족과 말다툼 후에 앉아서 숨을 5초 들이마시고 1초 멈추고 5초 내뱉기를 해 보세요. 딱 3분만 해도 감정이 정리가 됩니다. 이게 바로 내 상태를 원위치로 돌리는 회복입니다. 나의 기본값을 회복해야 마음이 제자리를 잡습니다. 그러니 먼저 기본값부터 회복해야 합니다. 잠을 지키고 밥을 제때 먹고 조금이라도 걸어야 마음이 제자리를 찾습니다.

우리가 가진 가장 큰 자산은 경험입니다. 20대, 30대에겐 없는 삶의 경험이 우리에게는 있습니다. 후배가 이직 고민할 때 면접 준비하는 방법을 알려주는 것. 자녀가 전세 계약할 때 계약서에서 꼭 확인할 항목을 짚어주는 것. 친구가 허리 아프다고 하면 물리치료 잘하는 병원을 추천해 주는 것. 이게 다 나눔입니다. 내가 직접 겪고 해결한 것을 그대로 전해 주면 됩니다. 이렇게 나누다 보면 관계가 회복되고 나도 모르게 마음이 덜 불안해집니다. 비교 대신 나눔을 하면 복이 순환하며 커집니다. 내가 가진 게 부족하다고 생각하는 게 아니라 내가 가진 걸 나눌 수 있다는 것으로 생각의 전환을 하는 것입니다. 이때 불안이 줄어들고 운이 따라붙습니다. 나눌 수 있다는 사실이 이미 풍요의 증거입니다.

아침에는 이렇게 선언해 보세요. "오늘 내 상태는 내가 만든다." 그리고 저녁엔 이렇게 내려놓으세요. "오늘 하루도 잘 흘러갔다." 운은 우연히 오는 게 아닙니다. 기본값을 지키고, 나누고, 감사하고, 비교를 멈추는 사람에게 운은 자연스럽게 흘러옵니다. 오늘은 비교 대신 나를 회복하는 하루를 시작해 보세요. 불안은 사라지고, 마음엔 다시 평온이 자라날 것입니다.

착한 척하다
결국 무너진 당신

밖에서는 억지로 웃고 괜찮은 척 다 해놓고, 집에 오면 괜히 화가 치밀어 오를 때가 있습니다. 사소한 말에도 예민해지고, 마음이 텅 빈 것 같죠. 왜 나는 늘 참다가 터질까? 이런 적 있으신가요? 회식 자리에서 억지로 잔을 받다가 돌아와 후회한 날, 동창 모임에서 맞장구치고 돌아오는 길에 괜히 속상했던 날, 가족 챙기느라 허리 휘는데 고맙다는 말 한마디 없던 날. 그게 바로 '착한 척'의 후유증입니다. 나를 인정하지 않고, 괜찮은 척, 완벽한 척하며 마음을 눌러두면 결국 무너집니다. 감정은 사라지지 않습니다. 눌러둔 감정은 김처럼 새어 나옵니다. 마음의 뚜껑을 오래 닫아두면 결국 예기치 않은 순간에 폭발하게 됩니다.

우리는 어려서부터 "착해야 사랑받는다"는 말을 들으며 자랐습니다. 그래서 화내는 것도, 질투하는 것도, 외로워하는 것도 나쁜 거라 여기며 눌러왔죠. 하지만 그게 쌓이면 어느 순간 폭발합니다. 나를 이해받지 못하는 순간, 마음이 무너지는 이유입니다.

이제는 스스로에게 이렇게 말해주세요. "괜찮아, 그럴 수도 있어. 네 탓이 아니야. 지금 이대로도 충분히 괜찮은 사람이야." 눈을 감고 스스로를 꼭 안아보세요. "수고했다, 애썼다." 이 말 한마디면 마음이 조금 풀립니다. 가족 모임에서도 다 맞춰주지 말고 "저는 조금 다르게 생각해요." 그 한마디를 용기 내어 해보세요. 세상은 무너지지 않습니다.

회식 자리에서 술을 권하면 "여기까지만 마실게요." 부드럽게 선을 그어보세요. 친구가 늦으면 속으로 분노하지 말고 "네가 늦어서 걱정됐어." 이렇게 말해보세요. 감정은 쌓일 때보다 표현될 때 치유됩니다. 완벽하지 않아도 됩니다. 음식이 조금 탔다고 해서 세상이 끝나지도 않고 한번 실수했다고 모든 게 수포로 돌아가지도 않습니다. 어설픈 모습이 오히려 사람 냄새 납니다. 착한 척하다 무너지는 건, 결국 내가 나를 외면했기 때문입니다. 진짜 나를 인정하고, 있는 그대로의 나를 받아들이면 감정의 폭발은 멈추고 마음은 부드러워집니다. 이제는 흐르는 물처럼 담담하게 사는 지혜가 필요합니다. 내 안의 어린 나, 화난 나, 외로운 나, 그 모두를 끌어안으세요. 그때부터 당신은 더 이상 폭발하지 않고, 담담히 걸어갈 수 있을 겁니다.

진짜 나를 인정할 때, 인생은 훨씬 편안해집니다.

나를 알아주는 사람이 아무도 없는 것 같을 때

가끔은 그런 날이 있습니다.

세상에 나 혼자 남은 듯한 날.

괜히 가슴이 허전하고,

이유 없이 눈물이 맺히는 그런 날.

그럴 때 스스로에게 물어보면 좋습니다.

내가 나를 얼마나 알고 있지?

나 자신도 내 마음을 다 알지 못해서

흔들릴 때가 많은데 남이 나를 완전히 알 수 있을까요?

우리는 늘 누군가가 나를 알아주길 바라지만

그 기대가 실망이 되고

외로움이 되고

괴로움이 됩니다.

세상이 몰라줘도 괜찮아요.

단 한 사람, 나 자신이 나를 이해하면 그걸로 충분합니다.

오늘 내가 얼마나 애쓰고 있는지

얼마나 잘 버티고 있는지

내가 알아주면 충분합니다.

사람들은 저마다 자기 몫의 짐을 지고 살아갑니다.

내가 외로운 순간,

그 사람 또한 힘겨운 고난 속에 있을 수 있습니다.

나를 몰라주는 게 꼭 그 사람의 잘못은 아닙니다.

그러니 기대를 조금 내려놓고 차 한 잔 앞에 두고

스스로에게 말해주세요.

오늘도 견뎠구나, 수고 많았다. 참 잘 해냈다.

세상이 몰라줘도 괜찮습니다.

내가 나를 알아봐 줄 때 하루가 외롭지 않아집니다.

**내일일지 오늘일지,
누구도 알 수 없는 것이 인생입니다.**

어느 날 갑자기 생일 축하 알림 대신 친구의 부고 소식을 접했습니다. 어제까지 멀쩡했는데 그 순간 가슴이 철렁 내려앉습니다. 이제 막 손주 재롱 보면서 웃고 퇴직 후 여행 계획 세우던 사람이 부고장을 보내옵니다. 죽음이 우리 곁에 가까이 있다는 사실을 발견할 때면 깨닫습니다. 죽음은 남의 일이 아니라 언제든 내 일일 수 있다는 것을요.

그리고 문득, 엘리베이터 유리에 비친 내 모습이 낯설게 느껴질 때가 있습니다. 이제는 세월이 묻어나는 얼굴이 어색하고, 동창 모임에서 "저 친구는 아직도 현역이래." "저 집은 또 해

외여행 갔다더라." 이런 말을 들을 때면, 왠지 내 인생이 초라하게 느껴질 때도 있습니다.

삶이 무거워지는 이유는, 죽음을 늘 남의 일로만 생각하기 때문입니다. 아직은 아니겠지, 하다 보니 부고 소식이 들려올 때마다 가슴이 철렁하는 것이죠. 죽음은 순서가 없습니다. 40대도 60대도 오늘 당장 죽을 수 있습니다. 이제는 내 차례인가? 하는 물음은 결코 남의 일이 아닙니다.

그럴 때 우리는 이렇게 묻게 됩니다.

"나는 왜 태어났을까?"

"어떻게 살아야 하는 걸까?"

우리는 누가 시켜서 태어난 것도, 억울해서 태어난 것도 아닙니다. 인생은 숙제가 아니라 길 위의 배움이고, 죽음은 끝이 아니라 잠시 멈춰 쉬는 쉼표입니다. 돈이 많아도, 권력이 있어도 죽음 앞에서는 모두 똑같습니다. 그렇다면 정말 중요한 것은 내가 어떤 마음으로 오늘을 살아가느냐입니다. 그러니 오늘 하루, 이렇게 스스로에게 조용히 말해 보세요.

"오늘도 나는 살아 있다. 이 하루만으로도 이미 충분하다."

그 마음으로 하루를 살아갈 때 삶은 더 이상 무겁지 않습니다.

하루하루가 선물처럼 느껴질 것입니다.

억울함의 진짜 뿌리

억울한 일이 자꾸 생긴다면

잠시 멈춰 보세요.

진짜 억울한 걸까요

아니면 내 뜻을 관철하고 싶은 마음이 큰 걸까요?

내 계산대로만 세상이 흘러가면 억울할 일도 없습니다.

하지만 세상은 늘 내 생각의 바깥에서 움직입니다.

사람은 각자의 이익을 따르고, 자식도 내 마음 같지 않고

부부도 생각이 다를 수밖에 없습니다.

그러니 억울함에 매달려

스스로의 마음을 더 상하게 하지 마세요.

'모든 게 내 뜻대로 되어야 한다'는 생각을 놓는 순간

마음이 훨씬 가벼워집니다.

세상은 내가 그은 선 안에서 움직이지 않지만,

마음을 내려놓으면 그 선 밖에서도 평화로울 수 있습니다.

짜증이 많이 나는 이유

예전엔 대수롭지 않게 넘기던 일이 요즘은 그냥 넘어가지 않을 때가 있습니다. 작은 일에도 욱하고 올라옵니다. 엘리베이터 버튼을 성급히 누르는 사람, 아파트 주차선 살짝 넘어온 차, 단톡방에서 내 말을 무시한 가족들. 별일 아닌데도 하루 종일 신경이 쓰입니다. 젠틀하고 멋지게 나이 들고 싶었는데 가끔은 스스로가 좀 초라하게 느껴질 때가 있습니다.

왜 나이가 들수록 마음이 더 좁아질까요?

살아오며 지켜야 할 게 많아졌기 때문입니다. 집, 체면, 가족도 있으니 '이건 절대로 잃으면 안 된다'는 마음이 커진 겁니다. 그리고 나이 들수록 두려움도 함께 늘어납니다. 건강을 잃을까, 돈이 떨어질까, 관계가 무너질까.... 젊을 땐 대범하게 넘겼던 일도 이제는 작은 자극에도 크게 흔들립니다. 반대로 체면은 더 무거워집니다. '내가 이 나이에 이런 말을 들어야 하나?' '후배나 자식이 날 무시하는 건 아닐까?' 사소한 말에도 내 존재가 깎이는 것처럼 느껴집니다. 잡고 있는 건 늘어나고, 두려움은 커지고 체면은 무거워지면서 결국 마음이 좁아집니다.

마음은 물을 담는 그릇과 같습니다. 젊을 땐 대접처럼 넓어 조금 흘러도 괜찮았지만, 나이 들수록 종지처럼 작아집니다. 파 한 줄기만 삐져나와도 엉망이 되는 거죠. 세상이 각박해서가 아니라 내 마음의 여백이 좁아져서 삶이 답답해지는 것입니다. 체면이 과열되면 작은 홀대에도 부글부글 끓습니다. 나는 삶의 심판이 되어 있고, 마음은 늘 전장에 선 병사처럼 긴

장합니다. 그러니 작은 일에도 짜증이 나고 하루하루가 버겁게 느껴집니다. 마음이 좁아지는 일은 누구에게나 찾아옵니다. 문제는 그 마음을 끼고 사느냐, 보내주느냐입니다. 이제는 작은 일에는 큰마음 쓰지 말고 숨을 길게 쉬고, 한 숟가락 덜고, 한마디 덜 하세요. 주차선이 살짝 넘어와도, 단톡 숫자가 남아 있어도, 이웃의 소음에 깜짝 놀라도 마음이 크게 흔들리지 않는 사람이 될 수 있습니다. 품격이란 결국 마음의 크기에서 나옵니다.

마음이 넓은 사람은 인연을 품고,

마음이 좁은 사람은 하루에도 열댓 번씩 상처받습니다.

이제는 품격 있게, 여유 있게, 가볍게 사는 연습을 해보세요.

그게 바로 멋지게 나이 드는 법입니다.

걱정이 많아서 걱정일 때

하루를 걱정으로 시작해 걱정으로 끝낼 때가 있습니다.

하지만 대부분의 걱정은

내 힘으로 당장 바꿀 수 없는 일입니다.

그저 붙잡고, 붙잡혀 사는 겁니다.

걱정은 생각의 그림자처럼 따라붙습니다.

계속 붙들고 있으면 그 그림자가 나를 집어삼킵니다.

그럴 땐 잠시 내려놓는 훈련이 필요합니다.

'지금 말고 저녁 산책할 때 생각하자'

이렇게 생각할 시간을 미뤄두세요.

미루는 것만으로도 마음이 숨 쉴 틈을 얻습니다.

머릿속에서 걱정이 반복되면 생각으로는 못 끊습니다.

행동으로 잘라야 합니다.

건강이 걱정된다면 건강검진 예약을 잡고,

노후가 불안하다면 하루 천 원이라도 저금하세요.

불안은 머리에서 사라지지 않지만,

손끝에서부터 조금씩 녹아내립니다.

하늘을 본다고 비가 멈추지 않듯,

걱정한다고 세상이 바뀌지 않습니다.

하지만 비가 오면 우산을 펼 수는 있습니다.

이 문장을 오늘 마음의 우산처럼 펼쳐보세요.

"나는 걱정에 끌려다니지 않겠다.

이제는 걱정을 다스리는 사람으로 살겠다."

걱정은 피할 수 없지만,

걱정에 휘둘리지 않을 수는 있습니다.

그게 인생의 평온을 지키는 첫 연습입니다.

삶과 죽음 사이 우리가 붙잡아야 할 것

"우리는 왜 살아가는 걸까요? 세상에 아무것도 없이 내던져졌는데 결국 죽음을 향해 달려가잖아요. 그 사이에 수많은 선택을 해야 하는데 그게 무섭습니다. 후회 없는 삶을 살고 싶습니다."

스무 살의 한 청년이 이런 질문을 던졌습니다. 이 질문이 단지 스무 살 청년의 고민만은 아닐 것입니다. 인생의 근본을 묻는 물음이기 때문입니다. 우리는 태어난 이유를 몰라도 괜찮습니다. 다만 어떤 인연들이 모여 지금 이 자리에 서 있을 뿐입니다. 누가 원해서가 아니라 그저 세상에 던져진 것입니다. 태어났으니 살아야 하고 살았으니 언젠가 죽는 것입니다. 나는 왜 사는가? 무엇을 위해 살아야 하는가? 이게 바로 인생의 본질적 두려움입니다. 사람은 태어난 순간부터 시한부 인생입니다. 누구는 30년이고 누구는 70년이라고 날짜가 적혀있지 않을 뿐입니다.

우리는 왜 사는가? 이 질문에 대한 정답은 없습니다. 어떤 사람은 복수 때문에 삽니다. 나를 무시한 사람에게 언젠가 보여주겠다는 분노가 그를 버티게 합니다. 어떤 사람은 돈 쓰려고 삽니다. 좋은 집, 좋은 차, 그 욕망이 사람을 피눈물 나게 합니다. 또 어떤 사람은 사랑 때문에 삽니다. 자식과 배우자, 연인에게 내 존재를 건네고 그 반짝임을 맛보려고 삽니다. 어떤 사람은 그냥 버티면서 삽니다. 죽을 용기는 없고 살 자신도 없으니 하루하루 버텨보자며 살아갑니다.

사람은 누구나 자기 욕망, 자기 두려움, 자기 집착 때문에 살아갑니다. 그게 솔직한 현실입니다. 20살 청년은 진로와 사랑이 두렵습니다. 40살은 돈과 명예가, 예순 살은 건강과 노후가 두렵습니다. 불안의 상황은 달라도 뿌리는 똑같습니다.

살아가는 이유를 너무 거창하게 찾지 마세요. 이유보다 중요한 건 '지금 이 순간'입니다. 후회 없는 인생이란 특별한 업적을 남긴 삶이 아니라 하루를 진심으로 살아낸 사람의 삶입니다. 우리가 살아야 하는 이유는 주어진 하루를 온전히 살아내기 위해서입니다. 두려움에 흔들리지 말고 당신의 선택을 믿으세요. 그 순간부터 인생은 달라집니다. 살아오신 시간이 바로 지혜 그 자체입니다.

화를 내는 순간 인생은 끌려갑니다

화를 내고 났을 때 속이 시원하셨던 적이 있으신가요? 그렇지 않습니다. 말은 이미 쏟아졌고 관계는 틀어졌을 때 제일 괴로운 건 결국 나입니다. 사람들은 누군가 때문에 화가 났다고 말하지만 화는 남이 만드는 게 아닙니다. 내 안에서 올라오는 감정일 뿐입니다. 화는 바람처럼 오지만 내가 붙잡으면 불이 됩니다. 이 사실을 모르고 있으면 인생이 화에 끌려다닙니다. 말은 순간에 흘렀지만 관계도 감정도 다 돌이킬 수가 없습니다. 실컷 화를 다 표출하고 나서 아, 괜히 말했다. 괜히 소리 질렀다고 생각해도 이미 늦습니다. 인생이 괴로운 건 사실 남 때문이 아니라 내 안에 화를 다스리지 못해서입니다.

많은 사람은 화를 참는 게 지혜라고 생각합니다. 참는 건 언젠가는 터지게 되어 있습니다. 솥에 김을 계속 눌러 두면 언젠가는 폭발하는 것과 똑같습니다. 지혜는 참는데서 오는 게 아닙니다. 알아차리는 것에서 시작됩니다. 아, 지금 내 안에 불길이 일어나고 있구나. 이렇게 인지하는 순간 화는 이미 절반쯤 사라집니다.

불교에서는 마음을 등불에 비유합니다. 어둠은 그냥 두면 짙어지지만 빛을 켜면 사라집니다. 마음도 같습니다. 내 마음을 알아차리는 순간 어둠은 빛으로 바뀝니다. 화를 억누르지 말고 먼저 비추세요. 아, 지금 내가 흔들리고 있구나. 그 순간이 바로 시작입니다.

우리는 화가 날 때 바로 반응해 버립니다. 상대가 던진 말에 뭐라고 하면서 바로 쏟아냅니다. 그 한순간이 관계를 깨뜨립니다. 그럴 때 필요한 게 호흡입니다. 숨 한 번만 고르면서 말을 멈추면 화도 멈춥니다. 그 짧은 순간이 나를 살리고 관계를 지켜주는 것입니다. 분노는 한 순간에 미친 바람과 같습니다. 그런데 호흡은 그 바람을 고요하게 만듭니다. 집에서 부부 사이도 그렇습니다. 아내가 잔소리를 하고 남편이 말없이 TV만 볼 때 그 순간에 쏘아붙이면 큰 싸움이 됩니다. 하지만 숨 한번 들이마시고 그냥 바라보면 다르게 보입니다. 저 사람도 힘드니까 저렇게 말하는구나, 하는 생각이 드는 건 잠깐 멈췄을 때입니다. 사람은 누구나 다 자기 입장만 옳다고 생각합니다. 부모는 자식 탓, 자식은 부모 탓, 남편은 아내 탓, 아내는 남편 탓, 다 자기만 옳다고 합니다. 세상에 100% 옳은 말은 없습니다. 100% 옳은 사람도 없습니다. 내 말이 다 정답은 아니라는 생각만 붙들어도 마음이 훨씬 가벼워집니다. 화를 내면 결국 나만 손해입니다. 상대는 돌아서면 그만이지만 나는 밤새 뒤척이고 밥 한 숟갈도 제대로 못 넘깁니다. 심장은 두근거리고 머리는 복잡해지고 결국 내 몸이 병듭니다. 화는 상대를 벌하는 게 아니라 결국 나를 해치는 독입니다. 화를 내서 얻는 건 하나도 없습니다.

결국 인생은 관계 속에서 살아가는 것입니다. 관계가 망가지면 삶도 무너집니다. 화를 다스린다는 건 곧 인생을 지키는 일입니다. 화는 밖에서 오는 게 아닙니다. 내 안에서 일어나고 내 안에서 사라질 뿐입니다. 화를 참으려 하지 마세요. 화를 바로 표현하려고 하지 마세요. 화는 알아차리고 멈추고 내려놓고 비추는 것입니다. 내 마음이 고요하면 세상도 고요합니다.

진짜 행복은 이겁니다

행복, 행복하는데 진짜 행복이 뭐라고 생각하나요?

돈, 명예, 남의 인정 다 맞는 것 같지만

그것들은 모두 다 지나가는 것입니다.

집을 사도 아이를 결혼시켜도 손주를 안아도

행복은 잠깐 스쳤다가 지나갑니다.

그래서 늘 스스로에게 묻습니다.

왜 나는 아직도 허전하지?

행복은 멀리서 오는 게 아닙니다.

지금, 내가 서 있는 자리에서도 충분히 피어납니다.

남이 칭찬해 줘야 오는 게 아니라

내가 지금 이 순간 내 마음의 주인으로

바로 서야 찾아옵니다.

억지로 웃는 게 아니라 내가 좋아서 웃을 때

그게 행복입니다.

남 눈치 보며 살지 말고 내 삶을 내가 선택해 보세요.

휴대폰은 놓고 집 밖을 걸으며 하늘 한번 올려다보세요.

하루에 세 번은 이렇게 말해 보세요.

오늘도 잘했다, 오늘도 괜찮다, 나는 나로 충분하다.

진짜 행복은 남이 주는 게 아니라 내가 만드는 것입니다.

내 마음이 평안하면, 그 어디서도 행복은 피어납니다.

믿었던 세상이 등을 돌릴 때, 어떻게 살아야 할까?

믿었던 세상이 등을 돌릴 때, 우리는 말 그대로 뒤통수를 맞은 듯 멍해집니다. 평생 내 편일 줄 알았던 사람이 돌아서고, 세상이 내게 등을 돌리고, 심지어 누구보다 믿었던 내 몸이 나를 배신할 때, 그 순간 우리는 서 있을 힘조차 잃습니다. 배신은 특별한 사람만 겪는 일이 아닙니다. 누구나 인생의 어느 지점에서 마주하는 통과의례입니다. 그건 단지 '신뢰가 깨진 사건'이 아니라, 의지하던 세상이 무너지는 경험이기 때문입니다. 그래서 더 아픕니다.

"내가 뭘 그렇게 잘못했나?"

"왜 나를 속였을까?"

끝없이 묻지만 대답은 돌아오지 않습니다.

분노와 허탈, 자책이 뒤섞여 가슴이 부서질 듯한 날이 이어집니다. 많은 사람들이 말하죠.

"무너지지 않는 게 최고의 복수야." 하지만 그건 너무 이상적인 말입니다. 지금 피가 거꾸로 솟는데 어떻게 아무렇지 않게 살 수 있겠습니까? 그러니 이렇게 해보세요. 억지로 괜찮은 척하지 말고, 감정을 흘려보내세요. 화를 삼키지 말고, 필요한 거리만큼 떨어지세요. 단호함은 냉정이 아니라 자기 보호입니다. 참는 게 미덕이던 시대는 끝났습니다. 이제는 내 마음을 해치지 않는 게 진짜 지혜입니다.

배신의 상처는 누구나 겪습니다. "그래, 나만 그런 게 아니야." 이 한마디를 떠올리면 마음의 짐이 조금은 가벼워집니다. 배신은 쓰라리지만, 그 경험이 나를 더 단단하게 만듭니다. 그 일로 인해 사람을 보는 눈이 생기고, 나 자신을 더 깊이 알게 됩니다.

배신당해도 주저앉지 마세요.

상처를 숨기지 말고, 그 안에서 나를 새로 세우세요.

그때부터 인생은 훨씬 가벼워집니다.

배신조차 결국, 나를 성장시키는 공부가 됩니다.

**힘들 땐 참지 말고
밥 먹고 푹 주무세요**

너무 바쁘고 일이 꼬이고 몸도 마음도 다 지칠 때

나는 밥 먹을 자격도 없다는 말을 합니다.

이 일을 끝내고 나서 자야지라고 말할 때도 있습니다.

그게 나를 더 빨리 무너뜨리는 길입니다.

쉬어야 힘이 생깁니다.

꼬박꼬박 잘 먹고 잘 자야 합니다.

괴로울수록 밥을 챙기고

몸이 무거울수록 잠을 깊이 자고

마음이 복잡할수록 웃고 즐겨야 합니다.

좋아하는 드라마 한 편 보면서 웃기도 하고

동네 한 바퀴 걸으며 땀도 내고

마음을 탁, 놓을 때 오히려 삶이 붙잡아집니다.

인생 뭐 큰 거 없습니다.

작은 일상을 지켜내는 게 가장 큰 지혜입니다.

그러니 연습하는 겁니다.

힘들수록 잘 먹고 잘 자고 잘 웃으십시오.

사람을 알려면 말투를 보세요
말투가 곧 얼굴입니다

사람을 깊이 알려면 무엇을 보아야 할까요? 겉모습도, 지위도 아닙니다. 그 사람이 어떤 말을 쓰는가, 거기에 마음의 결이 고스란히 드러납니다. 말은 단순한 소리가 아닙니다. 그 사람의 인격이 묻어나는 얼굴입니다. 따뜻한 마음은 부드러운 말로 흐르고, 거친 마음은 거친 말로 흘러나옵니다. 험한 말이 입에 밴 사람은 대개 마음 어딘가 다친 흔적이 있습니다.

험담과 비난이 많은 사람은 자존감이 낮습니다. 스스로 서 있지 못하니 남을 뜯어내리면서 자신이 초라하지 않다고 느낍니다. 반대로 칭찬이 자연스러운 사람은 마음에 여유가 있습니다. 속이 편안하니 말투에서도 향기가 납니다. 말투는 마음의 거울입니다. 내가 어떤 마음으로 살아왔는지가 그대로 드러납니다. 나이가 들수록 말투의 무게는 더 크게 다가옵니다. 배우자에게 밥 줘라, 문 닫아라, 이렇게 툭 던졌던 말이 세월이 흐르면 서운함과 상처로 남습니다. 마음은 애정이 있었지만 잘못된 말투로 인하여 상처가 된 것입니다. 자녀에게 공부해라, 결혼해라, 돈 모아라 이렇게 말하는 것도 똑같습니다. 모두 잘 되라는 마음에서 한 말이었지만 자식에게는 잔소리로만 들립니다. 말투 하나가 벽이 된 것입니다. 직장에서도 똑같습니다. 어떤 것을 당장 하라고 말하면 일이 진행이 되긴 합니다. 그러나 듣는 사람은 존중받지 못했다는 생각을 합니다. 이건 이렇게 해보면 어떨까요?라는 식으로 제안을 하면 똑같은 말인데도 존중받는 것처럼 느껴집니다.

살아오며 말로 상처받은 기억, 그리고 누군가를 상처 준 기억이 있을 겁니다. 순간은 속 시원했을지 몰라도, 그 말은 듣는 사람에게 평생의 가시로 남습니다. 한 번 박히면 시간이 흘러도 쉽게 빠지지 않지요. 그래서 말은 조심히, 따뜻하게 써야 합니다.

말투는 타고나는 것이 아닙니다. 습관이고 바꾸려는 의지만 있으면 고칠 수 있습니다. 화가 날 때는 침묵부터 하는 것. 한 박자 쉬고 말해서 상처를 줄이는 것. 명령하듯 말하지 말고, 함께 생각하듯 말하기. 하루에 세 번은 상대방을 칭찬하는 것. 감사하다는 말을 습관처럼 입 밖으로 뱉는 것. 여기에 표정과 태도만 함께 바꿔도 훨씬 좋아집니다. 거기에 미소와 고개 끄덕임만 더해도 마음의 문이 열립니다.

말은 곧 마음이고 마음은 곧 삶입니다. 내 말투가 내 인생의 향기를 만듭니다. 분노를 말로 풀지 마세요. 명령 대신 제안으로 말하세요. 한마디 말이 사람의 하루를 바꾸고, 나의 인생도 바꿉니다. 말을 바꾸면 내 인생이 달라집니다.

3장
살아 있는 하루가 이미 선물입니다

인생은 원래 괴롭습니다

인생은 원래 괴롭습니다.

사람들은 인생을 흔히 괴로움의 바다라 부릅니다.

그만큼 삶에는 파도가 많습니다.

괴로움은 당연합니다.

돈 없어도 괴롭고 많아도 괴롭습니다.

자식이 없으면 외롭고 있어도 걱정입니다.

형태만 다를 뿐 괴로움은 누구에게나 있습니다.

괴로움을 탓하지 마세요.

괴로움과 싸우지 마세요.

없애려 할수록 더 커집니다.

늙는 것도, 병드는 것도, 뜻대로 안 되는 것도

모두 인생의 일부일 뿐입니다.

그러니 괴로움이 당연한 인생을 자꾸 고치려 하지 마세요.

그 파도를 지나가는 게 인생이지,

그 파도를 멈추는 게 인생은 아닙니다.

인생은 앞으로 가는 것입니다.

두려움이 밀려와도, 그대로 걸어가면 됩니다.

그게 바로, 살아가는 겁니다.

빈자리를 두려워하지 말고 여백으로 채우십시오

살다 보면 문득 마음이 텅 빈 순간이 있습니다.

사랑했던 것도 쌓아온 것도 사라지고

남은 건 낯선 빈자리뿐일 때가 있습니다.

우리는 그걸 '허무'라 부릅니다.

하지만 허무는 '없음'이 아닙니다.

무엇이든 새로 담을 수 있는 공간입니다.

후회로 채우면 괴로움이 되고

걱정으로 채우면 불안이 됩니다.

그러나 감사와 사랑으로 채우면

허무는 삶을 비추는 거울이 됩니다.

허무를 다루는 법은 생각보다 단순합니다.

자식만 바라보며 살지 마십시오.

자식은 내 인생을 대신 살아주지 않습니다.

돈만 붙잡지 마십시오.

건강 무너지면 돈 있어도 쓸 수가 없습니다.

지금 곁에 있는 사람과 작은 순간에도

마음을 다하십시오.

밥 한 끼, 대화 한마디에 마음을 다해야 합니다.

허무는 끝이 아닙니다.

다시 사랑하고, 다시 감사할 수 있는 여백입니다.

사랑으로 채우면 사랑의 인생

감사로 채우면 감사의 인생이 됩니다.

인생은 아름다운 것입니다.

진짜 외로운 이유는 따로 있습니다

내 청춘을 떠올려 봅니다. 그땐 가만히 있어도 빛이 났습니다. 손짓 하나에 사람들이 모여들고 웃음소리로 하루가 채워졌습니다. 하지만 이제는 다릅니다. 불 켜진 방이 더 쓸쓸하게 느껴지고 밥상 위에 수저 두 개 올려둘 사람도 없습니다. 그럴 때 속으로 묻습니다.

내가 이렇게 외롭게 살려고 평생을 버텨온 것인가?

외로움은 무섭습니다. 하지만 외로움 그 자체가 괴로운 것이 아니라 외로움을 밀쳐내는 내 마음이 더 괴로운 것입니다. 많은 분이 가족이 옆에 있어도 외롭다고 말합니다. 그렇습니다. 사람이 있어도 대화가 끊기면 마음은 여전히 허전합니다.

나이 들면서 외로움은 사람 수와는 관계가 없습니다. 대화가 끊긴 자리, 의미가 빠져버린 순간 그때 더 크게 밀려옵니다. 가을 냄새가 짙어지면 그 허전함은 더 크게 다가옵니다. 아침저녁으로 창문을 열면 선선한 바람이 들어옵니다. 젊을 때는 그 바람이 그냥 스쳐 지나가는 공기였는데 나이 들면서는 그 바람이 쓸쓸함으로 가슴에 꽂힙니다. 낙엽이 떨어지는 소리를 들으며 문득 생각합니다. 내 청춘도 저렇게 흩어져 가는구나. 괜히 마음만 더 허전해집니다. 외로움은 사람이 없어서 생기는 게 아닙니다. 내 안의 의미가 비어 있을 때 그때 찾아옵니다.

젊을 때는 일과 사람들로 마음이 가려져 있습니다. 이제 그 가림막이 걷히고 맨 마음이 드러납니다. 그래서 외로움은 벌이 아니라 나를 돌아보라는 부드러운 신호입니다. 이제 바깥이 아니라 안을 들여다보라는 신호입니다.

사람들은 허전함을 달래려고 술을 마시고 TV에 기대고 쇼핑으로 채웁니다. 순간은 덜 외로운 것 같아도 끝내 공허해집니다. 밥은 밥으로 채워야 하듯 마음의 허기는 고요와 자각으로만 채워지기 때문입니다. 외로움을 적으로 보면 싸움이 됩니다. 하지만 외로움을 피하지 않고 마주보면, 그 자체가 나를 단단하게 하는 배움이 됩니다. 진짜 용기는 고요 속에 머물 수 있는 힘입니다. 나이 들면서 외로움은 누구에게나 찾아옵니다. 외로움은 삶이 우리에게 건넨 배움라는 것을 기억하십시오. 그 공부를 끝낸 사람만이 고요 속에서 웃을 수 있습니다.

우리에게도 있었던 찬란한 청춘이 가고 외로움이 왔지만 그 고요 속에서 삶이 자랍니다. 가진 건 줄어들었어도 마음을 나누면 풍요로워집니다. 사람은 떠나도 감사함은 언제나 곁에 남습니다. 그래서 우리는 여전히 늦지 않았습니다. 오늘도 한 걸음 고요 속을 걸어가면 외로움은 짐이 아니라, 나를 단단하게 빚어주는 선물이 됩니다.

인생이 자꾸 꼬이는 건
대운이 들어오기 때문입니다

요즘 따라 왜 이렇게 되는 일이 없을까, 그런 생각이 드시나요?

사람 만나면 자꾸 부딪히고 돈은 자꾸 세고 건강도 예전 같지 않고 심지어 집에 가만히 있어도 마음이 편치 않는 날이 많습니다. 내 팔자가 왜 이리 꼬이나, 재수가 없나? 이런 생각이 드실 겁니다. 하지만 아닙니다. 이건 불행이 시작된 게 아니라 오히려 운이 바뀌기전의 신호입니다. 뻔한 위로가 아닙니다. 미신도, 단순한 운세도 아닙니다. 수많은 이들이 살아오며 몸으로 겪고 깨달은 인생의 이치입니다. 옛사람들은 이렇게 말했습니다. 큰 복은 비워진 마음에 머문다. 내 삶을 갈고 닦고 비워야 그 자리에 대운이 앉는다는 뜻입니다. 지금 겪는 그 갈등과 손실, 몸과 마음의 흔들림은 끝이 아닙니다. 이제 곧 삶이 새로운 국면으로 넘어가려 하기 때문에 생기는 정리의 과정입니다.

별것 아닌 일이 자꾸 꼬이고, 약속이 취소되고, 서류 하나 처리하는 데도 두세 번을 다시 해야 할 때가 있습니다. 그럴수록 "오늘은 왜 이러지?" 싶은데, 그건 하늘이 일부러 길을 막아 세우는 것입니다. "이 길은 네 길이 아니다. 돌아서 가라." 그렇게 알려주는 신호일지도 모릅니다. 안 되는 일을 억지로 붙잡지 마세요. 길이 막힌 데에는 반드시 이유가 있습니다. 막힘이 없었다면, 우리는 평생 잘못된 길로 갔을지도 모릅니다. 막힘은 하늘의 보호입니다. 이 시기에는 사람이 정리됩니다. 오랫동안 함께했던 지인과 괜히 멀어지고, 가까운 가족에게도 서운한 말이 툭 튀어나옵니다. "내가 평생 다 해줬는데 왜 저

럴까." 억울하고, 마음이 허탈해지기도 하지요. 하지만 이건 실패가 아니라 정리입니다. 비워야 새 인연이 들어옵니다. 떠날 사람을 붙잡으면, 들어올 사람마저 머물 자리가 없어집니다. 하늘이 내 곁을 비워내며 새 인연이 머물 자리를 준비하는 것입니다. 그리고 경제적으로 흔들릴 때가 옵니다. 갑자기 병원비가 생기고, 예상치 못한 지출이 이어집니다. 통장 잔고가 줄어들면 불안해지고 "이제 망하는 건가?" 싶은 두려움이 올라오지요.

하지만 돈이 빠져나가는 건 망함이 아니라 청소입니다. 묵은 기운이 빠져나가는 과정이에요. 돈도 흐름이 멈추면 기운이 탁해집니다. 한 번 흘려보내야, 다시 맑은 기운으로 돌아옵니다. 이럴 때일수록 작게라도 베풀어 보세요. 그릇이 깨끗해지고, 더 넓어집니다. 그러면 돈은 반드시 더 크게 돌아옵니다.

몸도 신호를 보낼 것입니다. 병원에 가도 큰 이상은 없다는데 몸은 예전 같지 않습니다. 괜히 피곤하고 잠도 설치고 검사 결과는 멀쩡하다는데 이상하게 힘이 듭니다. 몸은 거짓말하지 않습니다. 운의 전환이 다가올 때 몸이 먼저 반응합니다. 그래서 몸이 불편할 때는 억지로 버티지 말고 호흡을 고르고 천천히 몸을 다독여야 합니다. 몸을 돌보는 게 곧 운을 돌보는 길입니다.

감정도 요동칠 수 있습니다.

내가 왜 이렇게 약해졌나 싶은 마음에 울음이 나올 수도 있지만 눈물은 약함이 아니라 정화입니다. 눈물은 마음을 씻는 물입니다. 참는 게 강한 게 아닙니다. 흘려보내는 게 강한 겁니다. 눈물이 쌓이면 병이 되고 흘려야 마음이 맑아집니다.

이제 곧, 새로운 인연이 들어올 것입니다. 말없이 곁을 지켜주는 사람, 특별한 말을 하지 않아도 함께 있으면 편안한 사람. 그런 귀인이 다가옵니다. 귀인은 내가 변했을 때만 보입니다. 내 파장이 달라졌기 때문에, 그에 맞는 파장의 사람이 내 곁으로 오는 것입니다. 그런 인연은 놓치지 마세요. 사람을 잘 만나면 인생이 가벼워집니다.

그리고 마지막 신호가 있습니다. 말과 습관이 달라집니다. 예전에는 불평을 입에 달고 살았다면 요즘은 무의식적으로 감사하다는 말이 나옵니다. 성급히 내뱉던 말을 잠시 멈추고 하게 됩니다. 이건 큰 흐름이 바뀌기 전의 신호입니다.

이런 전조를 견디는 방법이 있습니다.

안 되는 일을 억지로 붙잡지 마세요. 직장에서 후배에게 밀려나도, 자식이 내 말을 안 들어도 자책하지 마세요. 길이 막힐 땐 돌아가면 됩니다. 돌아가는 길이 오히려 지름길일 때가 있습니다. 떠나는 사람은 감사하게 보내십시오. 평생 친구라 믿었던 이도 피가 섞인 가족도 떠날 때가 있습니다. 돈이 흔들릴 땐 움켜잡지 말고 흘려보내십시오. 몸의 신호는 무시하지 마십시오. 나이 들어서 그렇지 하고 넘기지 마십시오. 감정이 울컥할 땐 기록하고 위로하십시오. 혼자서 소주 한 잔으로 달래는 대신 일기에 세 줄만 써보십시오. 오늘 힘들었다. 그래도 버텼다. 내일은 괜찮아질 거다. 이 세 줄이 마음의 약이 됩니다.

겨울의 끝자락은 곧 봄의 문턱입니다. 지금은 고되고 답답하지만 기다리면은 반드시 끝은 있습니다. 내 인생이 늦었다고 느껴도 괜찮습니다. 인생에는 누구에게나 자기 때가 옵니다.

오늘의 흔들림은 내일의 큰 흐름을 위한 준비입니다.

기다림을 두려워하지 마세요.

기다림을 아름답게 채우는 사람만이,

대운을 맞이할 수 있습니다.

여러분의 삶에도 반드시, 봄이 옵니다.

악연은 탁 끊어내세요

끼리끼리 논다는 말이 있습니다.

좋은 인연은 좋은 사람을 부르고

악연은 또 악연을 불러옵니다.

인생은 누구와 함께하느냐가 전부입니다.

만나기만 하면 피곤하다면 악연입니다.

대화는 온통 불평불만이라 듣고 나면

내 마음만 무거워집니다.

말 한 마디로 나를 무시한다면 악연입니다.

네가 뭘 알겠냐? 그 나이에 뭘 하냐?

말 한마디 한마디가 사람을 깎아내립니다.

뭔가 하려고 할 때마다 찬물을 끼얹어도 악연입니다.

그거 해서 뭐하냐, 괜히 힘만 든다.

어떨 땐 가스라이팅인가 싶을 정도로 내 자신을

의심하게 만듭니다.

사람은 평생을 애써도 잘못된 인연 하나 때문에

무너질 때가 있습니다.

사람은 말보다 느낌으로 알 수 있습니다.

만났을 때 마음이 편하면 인연이고

늘 무겁고 힘들면 악연입니다.

결국 내 곁에 사람이 참 중요합니다.

악연만 끊어도 인생이 평안합니다.

후회를 지혜로 바꾸는 방법

하루를 마무리하면서 오늘은 완벽했다고 느껴본 날이 몇 번이나 있으셨습니까? 대부분은 후회를 합니다. 괜히 화냈네. 괜히 참았네. 왜 그때 그 선택을 했을까? 만족스럽게 끝나는 하루보다 후회로 끝나는 날이 훨씬 많습니다. 인생은 매일이 후회입니다.

그런데 후회라는 감정을 잘만 사용하면 내 삶을 갉아먹는 괴물이 아니라 나를 키우는 스승이 됩니다. 우리는 흔히 이렇게 얘기합니다. 그때 집만 샀어도, 그때 투자만 했어도, 그때 공부만 더 했어도 지금은 달랐을 텐데. 하지만 그때의 나는 지금의 나처럼 깊지 않았습니다.

그때 가진 눈과 귀, 경험과 용기 안에서는 나름의 최선을 다한 것입니다. 30대 때는 아이 키우고 집 대출 갚느라 내 인생을 돌볼 여유가 없습니다. 그때 저축 더 못한 거를 지금 후회하지만 사실 그때는 그게 최선이었습니다. 또 40대에는 직장에서 인정받고 싶어서 가족 부양하느라 내 건강을 돌보지 못했습니다. 지금 몸 관리 안 한 게 후회스럽지만 그때 나는 어쩔 수 없는 상황 속에서 최선을 다한 것입니다. 후회는 지금의 내가 더 자랐다는 증거입니다. 그때보다 내가 더 성장했기 때문에 후회가 느껴지는 겁니다. 그러니 자책하지 마십시오. 그때도 나답게 잘 살았고 지금은 내가 더 자란 것뿐입니다.

오늘의 후회는 내일의 성장입니다. 오늘의 실패는 내일의 태도가 됩니다. 그러니 후회를 두려워하지 마십시오. 후회는 인생의 스승입니다.

이 5가지만 놓으면 인생이 달라집니다

많은 사람이 인생을 잘 살고 싶어 합니다.

잘 살기 위해서 많은 것을 붙잡지만

사실 잘 사는 비밀은 내려놓는 것입니다.

내려놓을수록 인생이 더 가벼워지기 때문입니다.

그렇다면 무엇을 내려놓아야 할까요?

첫째, 완벽하려는 마음입니다.

모든 걸 잘하려다 보면 결국 지칩니다.

이 정도면 됐다고 스스로를 다독일 줄 알아야 합니다.

둘째, 억울함을 내려놓으세요.

내가 뭘 그렇게 잘못했나? 이 마음에 붙잡히면

평생 원망 속에서 삽니다.

셋째, 체면을 내려놓으세요.

남들 눈치 보느라 진짜 하고 싶은 말

못하고 사는 사람이 많습니다.

내 체면보다 더 중요한 건 내 마음의 평안입니다.

넷째, 불필요한 인연을 내려놓으세요.

100명에게 잘 보일 필요 없습니다.

내 마음을 이해해 주는 단 한 사람만 있으면 충분합니다.

다섯째, 이미 지나간 일은 놓아주세요.

지나간 일을 붙잡고 있으면 오늘을 망칩니다.

내 인생의 마지막 얼굴은 오늘이 쌓여서 만들어지는 것입니다.

내려놓을수록 인생은 축복입니다.

만만한 사람으로 보이지 않는 법

가끔 나를 도대체 어떻게 봤길래 함부로 대하는 걸까?

이 생각이 들 때가 있습니다.

사람은 다 상대를 봐가면서 대합니다.

센 사람 앞에서는 절대로 함부로 못 하고

만만하다 싶을 때만 그 본성이 드러납니다.

먼저 상대를 시험합니다.

이 말 해도 되나? 이 행동 해도 참나?

자신의 말과 행동에 대한 반응을 보고

슬슬 선을 넘기 시작합니다.

만만한 사람으로 보이지 않기 위해서는

스스로 기준을 세워야 합니다.

태도가 중요합니다.

고개 숙이고 웃기만 하면 상대는 점점 기고만장해집니다.

단호하게 눈을 맞추고 말하세요.

말투를 신경 쓰세요.

우물쭈물하면 무시당합니다. 짧고 분명하게

아니오, 이 한마디가 선을 지킵니다.

친절의 한계를 정해야 합니다.

기분 나쁜데도 억지로 웃어주면 선을 넘어버립니다.

쎄하다 싶은 사람에겐 친절 대신

담백하게 거리를 두세요. 말도 웃음도 아끼세요.

나를 함부로 보지 못하게 만드는 건

스스로 기준을 세우고 태도를 바꿨을 때입니다.

내 존중은 내가 지켜야 합니다.

마지막 순간이 인생의 성적표입니다

인생에는 소중한 것들이 많습니다. 돈 많이 벌고 건강 챙기고 남들에게 인정받는 것도 중요합니다. 하지만 진짜 잘 산다는 건 결국 잘 죽는 것입니다. 죽음은 어느 날 갑자기 하늘에서 떨어지는 것이 아닙니다. 내가 살아온 삶이 마지막 순간에 고스란히 드러나는 거울입니다. 삶은 언젠가 반드시 죽음이라는 종착에 닿습니다. 그때 내가 어떤 얼굴로 어떤 마음으로 어떤 손을 잡고 떠날 것인가? 그게 곧 잘 살았는지를 증명하는 마지막 장면입니다. 사람들은 흔히 돈만 있으면 걱정이 없고 건강이 최고라고 말합니다. 돈과 건강은 분명히 필요하지만 그것 역시 삶의 전부는 아닙니다.

아는 지인은 은퇴 후 노후 대비를 철저히 했습니다. 통장에는 수억 원이 있었고 누구보다 경제적으로 여유가 있었습니다. 하지만 병실에서 삶의 마지막을 맞을 때 그 돈은 단 한 번도 위로가 되지 못했습니다. 자식들은 바쁘다며 자주 오지 않았고 배우자와 눈도 마주치지 못했습니다. 통장은 풍요로웠지만 마음은 텅 비어 있었습니다. 반대로 가진 건 많지 않지만 평생 정직하게 살고 이웃과 자식에게 늘 따뜻하게 대한 분이 있었습니다. 그분의 마지막 순간엔 문병이 줄을 이었습니다. 남는 건 돈이 아니라 사람들의 기억 속 미소였습니다.

잘산다는 것은 결국 떠날 준비를 하는 것입니다. 존엄하게 살아온 사람은 존엄하게 떠날 수 있습니다. 평생 남을 속이고 욕심만 채우고 관계를 망가뜨리며 살아온 사람은 마지막에 편안히 눈을 감기 어렵습니다. 하루하루를 정직하고 성실하게 그리고 감사해하면서 살아온 분은 마지막 순간에도 얼굴이 편안합니다. 숨이 끊어지는 순간까지 삶의 무늬가 그대로 배어 나오는 것이지요. 40대 후반만 넘어가도 몸은 예전 같지 않고 관계도 단순해집니다. 자식은 제 갈 길을 가고 내 곁에 남는 사람은 몇 되지 않습니다. 이 시점에서 두 가지 길 앞에 섭니다. 하나는 안 좋은 것만 세면서 불평하는 길이고 또 다른 하나는 남은 날을 세며 감사해하는 길입니다. 잘 죽는 길은 두 번째 길을 걷는 것입니다. 체력이 예전 같지 않아도 이제 아무것도 못하겠네라고 낙심하는 것이 아니라 그래도 아직 걸을 수 있고 먹을 수 있고 눈으로 아름다운 세상을 볼 수 있다는 것을 기억하는 것입니다.

잘 죽는다는 건 결국 억지로 인연을 붙잡지 않고 남겨야 할 사람만 남기는 것입니다. 부모, 형제, 배우자, 친구 누구나 한두 번쯤은 큰 이별을 겪습니다. 그때마다 마음속엔 이런 말이 맴돕니다. 내가 조금만 더 잘했더라면 마지막 그 전화를 받았다면 달라졌을 거라고 생각합니다. 누구나 비슷한 마음을 품습니다. 하지만 떠난 이는 우리가 죄책감 속에 평생 묶여 살기를 바라지 않습니다.

내가 언제까지 살지는 아무도 모르지만 어떻게 살아야 할지는 지금 결정할 수 있습니다. 죽음을 준비하는 지혜가 있습니다. 유언을 쓰시는 겁니다. 유언이라고 하면 보통 재산 분배만 떠올립니다. 하지만 진짜 유언은 돈 이야기가 아닙니다. 나는 사랑이 가장 중요했다. 나는 성실하게 살고 싶었다. 나는 작은 행복에도 감사하며 살았다. 이런 한 줄이 곧 내 삶의 철학이고 후대에 남길 가장 큰 선물입니다. 결국 내 인생의 마지막 교훈을 기록하는 것이 진짜 유언입니다. 삶을 정리해 보는 것도 좋은 방법입니다. 집안에 오래된 물건이 쌓이면 답답합니다. 관계도 마음도 똑같습니다. 연락조차 없는 인연 억지로 붙잡을 필요가 없습니다. 미움과 원망만 남은 관계를 끌고 갈 이유가 없습니다. 방 가득 쌓아둔 물건처럼 마음의 짐도 줄여야 숨이 트입니다. 죽음은 빈손으로 가는 길입니다. 가볍게 떠날수록 편안합니다. 오늘에 충실해 보세요. 죽음을 준비한다는 것은 내일을 걱정하는 게 아닙니다. 오늘 하루를 헛되게 흘려보내지 않는 것입니다. 그리고 이보다 더 중요한 세 가지 마음가짐이 있습니다. 사과는 미루지 마세요. 사람에게 가장 큰 후회로 남는 것은 사과를 미루는 것입니다. 그때 미안하다고 말할걸. 자존심 때문에 미루다 기회를 잃으면 평생 후회로 남습니다. 사과는 빠를수록 가볍고 미룰수록 무겁습니다. 감사함은 자주 표현하세요. 말하지 않아도 고마운 걸 알아줄 거라는 건 착각입니다. 살아 있을 때 고맙다고 말하지 않으면 떠난 뒤에 아무 의미 없습니다. 특히 가족에게 고맙다 한마디 하는 건 어려운 일이 아닙니다. 잠들기 전 하루 한 사람에게 감사 문자를 보내보세요. 30일만 해도 관계 온도와 내 마음이 달라집니다. 미련은 조금씩 내려놓으세요. 돈, 자식, 명예 다 소중하지만 끝까지 움켜쥐려 하면 내가 괴로워집니다. 자식은 내 뜻대로 살지 않습니다. 돈은 다 가져갈 수 없습니다. 명예도 따라오지 않습니다. 남는 건 결국 내가 어떻게 살았는지에 대한 기억뿐입니다. 조금씩 미련을 줄이는 연습이 곧 평안한 죽음을 준비하는 길입니다.

죽음을 준비한다는 건 불길한 게 아니라 오히려 오늘을 가장 충실하게 사는 지혜입니다. 내 삶의 철학을 기록하는 것. 불필요한 짐을 버리는 것. 오늘 하루를 온전히 살아내며 사과와 감사를 잘 표현하는 것. 미련을 놓는 것. 내가 먼저 편해져야 마지막 순간도 편안합니다.

오늘 당신은 무엇을 내려놓고 살아가시겠습니까?

인생이 힘든 진짜 이유

사는 게 힘든 이유요? 운이 나빠서일까요? 돈이 없어서일까요? 아니요, 그게 아닙니다. 세상을 바라보는 내 마음의 방향, 바로 그 하나 때문입니다.

같은 하루를 살아도 누군가는 불행의 이유를 세고, 누군가는 행복의 이유를 셉니다. 비가 내릴 때 어떤 이는 짜증을 내지만, 어떤 이는 그 빗소리에서 평화를 듣습니다. 결국 인생은 상황의 싸움이 아니라 태도의 싸움입니다.

우리는 늘 세상을 바꾸려 애쓰지만 사실은 내 마음 하나만 바꾸면 세상도 달라집니다. 바깥세상은 내 뜻대로 되지 않아도 마음만큼은 언제든 내 뜻대로 바꿀 수 있으니까요. 불평이 쌓이면 하루가 무거워지고, 감사가 쌓이면 마음이 밝아집니다. 감사는 좋은 일이 생겨서 하는 게 아니라, 좋지 않은 일에서도 배움을 찾아내는 힘입니다. 그래서 태도는 단순한 성격이 아니라 운명을 바꾸는 기술입니다.

비가 오면 투덜거릴 수도 있습니다. 하지만 "이 비도 곧 그치겠지."이 한마디로 그 시간마저 여유로 바꾸는 사람, 그 사람이 인생의 고수입니다. 행복한 사람은 상황이 좋아서 행복한 게 아닙니다. 세상을 따뜻하게 바라보는 눈, 그 눈을 가진 사람이 진짜 행복한 사람입니다.

아무리 고단해도 "그래, 오늘도 잘 마무리하자." 이렇게 자신을 다독이는 사람. 그 사람이 삶을 통달한 사람입니다. 운은 잠시 머물다 가지만, 태도는 평생을 지탱해 줍니다. 세상이 내 뜻대로 흘러가지 않아도 마음먹기엔 달렸습니다. 비가 와도, 바람이 불어도 오늘 하루를 조용히 받아들이세요.

"괜찮다, 인생... 다 그런 거지."

그 한마디가 무너진 마음을 다시 세우고, 당신의 하루를 조금 더 부드럽게 만듭니다. 인생은 결국, 상황이 아니라 태도의 이야기입니다.

사람 때문에 지쳤다면
고독을 탓하지 마세요

아닌 사람이라면 만나지 마세요.

이 말이 조금 냉정하게 들릴 수도 있습니다. 하지만 진짜 인생을 살아본 사람은 이게 맞는 말이라는 걸 압니다. 우리는 외로움을 견디지 못해 사람을 붙잡습니다. 그래서 나를 갉아먹는 관계를 '인연'이라 착각하며 살아갑니다. 그런데 생각해 보세요. 그 사람과 있을 때 마음이 편안한가요? 아니면 더 불안해지나요? 그렇다면 그건 사람이 있어 좋은 게 아니라, 사람이 있어서 더 힘든 인연입니다. 사람은 외로워서 무너지는 게 아닙니다. 외로움을 피하려다 더 큰 상처를 만날 뿐이죠. 고독은 죄가 아닙니다. 진짜 불행은 '아닌 걸 붙잡는 집착'에서 생깁니다.

"저 사람 안 보면 외로워요."라고 말하는 분에게 물어보고 싶습니다. 그 사람을 보면 행복합니까? 아니면 피곤합니까? 진짜 외로움은 곁에 사람이 없어서 오는 게 아니라 곁에 있으면서도 마음이 닿지 않을 때 오는 겁니다. 옆에 있어도 허전하다면 그건 이미 관계가 끝난 겁니다. 이제는 용기 내서 말해야 합니다. "외로워도 괜찮다. 대신 내 마음은 지키겠다." 혼자 밥 먹는 건 부끄러운 일이 아닙니다. 억지로 맞춰 앉아 웃는 게 오히려 부끄러운 일입니다. 혼자 있는 시간은 나를 다듬고 세워주는 시간입니다. 고요는 공허가 아니라 내면의 근육입니다.

그리고 일도 마찬가지입니다. "월급 때문에 참고 다닌다." 이 말을 자주 하죠. 하지만 곰곰이 생각해 보면 돈이 아니라 태도가 나를 버티게 합니다. 월급이 적어도 의미가 있으면 버틸 수 있고, 돈이 많아도 무의미하면 지칩니다. 작게 보면 직장이지만, 크게 보면 삶의 수련장입니다. 오늘의 일은 단순한 돈벌이가 아니라, 나를 닦는 연습입니다. 그래서 세상을 작게 보면 늘 힘듭니다. "나는 왜 혼자야.", "나는 왜 이 모양이야." 그렇게 말하기 시작하면 끝이 없습니다. 하지만 크게 보면 달라집니다. 혼자는 불행이 아니라 자유이고, 일은 고통이 아니라 성장입니다.

이제는 사람의 빈자리를 두려워하지 말고 내 마음이 흐려지는 걸 더 경계해야 합니다. 사람이 곁에 없어도 괜찮아요. 내 마음이 내 곁에 있다면 그게 인연입니다. 혼자 있을 줄 아는 사람은 쉽게 무너지지 않습니다. 왜냐하면 외로움을 견딜 줄 아는 사람은 세상에 휘둘리지 않거든요. 진짜 고독은 나를 고치는 시간입니다. 그걸 두려워하지 말고, 오히려 품으세요. 외로움을 밀어내면 상처가 깊어지고, 외로움을 껴안으면 마음이 맑아집니다. 그러니 오늘도 이렇게 말해보세요.

"나는 혼자여도 괜찮습니다. 내 마음이 지금, 나와 함께 있으니까요."

인생을 무겁게 만드는 건
쓸데없는 생각입니다

우리는 하루에도 수백 번의 생각을 합니다.

그런데 우리 삶을 무겁게 하는 건 현실이 아니라, 그 현실을 두려워하는 '생각'입니다. 일어나지도 않은 일을 걱정하고, 끝난 일을 붙잡고, 떠난 사람을 마음속에서 되새기며 스스로를 괴롭히죠. 사실, 인생을 힘들게 만드는 건 '현실'이 아니라 내 머릿속에서 끝없이 만들어내는 쓸데없는 생각들입니다.

한 번쯤 돌아봐야 합니다. 내가 지금 걱정하는 그 일, 정말 일어난 적 있나요? 아니면 내 상상 속에서만 수백 번 일어났나요? 그렇게 허상에 끌려다니며 오늘의 평화를 내일의 불안에

저당 잡히고 사는 건 아닐까요? 떠난 인연을 붙잡느라 새로운 인연이 들어올 문을 닫고, 과거의 실수를 되새기느라 지금의 기회를 흘려보냅니다. 완벽하려 애쓰다 마음이 닳고, 남의 성공을 바라보다 내 행복의 자리를 놓치기도 합니다.

결국, 남의 인생에 반응하느라 내 인생의 방향을 잃어버린 겁니다.

누가 내 말 한마디를 어떻게 생각할까?, 내 행동을 어떻게 평가할까? 그 시선에 매달리다 보면 결국 내 마음이 남의 소유가 되어버립니다. 그게 인생의 가장 큰 낭비입니다. 사람들은 이렇게 말합니다. "나는 생각이 많아서 잠이 안 와요." 하지만 그건 생각이 많은 게 아니라 쓸데없는 생각을 멈추지 못하는 거예요. 생각은 줄일 수 없습니다. 하지만 방향은 바꿀 수 있습니다.

시선이 문제를 향하면 인생은 고통이 되고, 시선이 나 자신을 향하면 인생은 성장으로 바뀝니다. 아직 일어나지 않은 일을 미리 걱정하지 마세요. 그 일이 생길 때쯤이면 당신은 이미 그만큼의 지혜를 갖고 있을 겁니다. 너무 완벽하려 하지 마세요. 인생은 완벽한 사람이 아니라 끝까지 버텨내는 사람의 이야기입니다. 조금 부족해도 괜찮고 조금 느려도 괜찮습니다. 완벽은 신의 영역이고 우리는 하루를 성실히 살아내면 충분합니다.

누군가의 성공에 시기하거나 비교하지 마세요. 남의 길은 남의 시간표로 흘러갑니다. 그 사람이 오늘 빛나는 건, 그가 어제 얼마나 넘어졌는지 우리가 모르기 때문입니다. 비교는 나를 잃게 하고 감사는 나를 지켜줍니다. 이제는 관점을 바꿔야 합니다. '왜 나만 이런가'가 아니라, 이 또한 내 인생의 한 장면이구나. '왜 저 사람은 저럴까'가 아니라 저 사람도 자기 인생을 견디고 있구나. 그 순간, 인생은 훨씬 가벼워집니다.

우리가 놓아야 할 건 사람도 아니고, 돈도 아닙니다. 결국 쓸데없는 생각입니다. 그 생각 하나만 내려놓아도 마음의 짐이 절반은 줄어듭니다. 이미 끝난 일을 붙잡지 말고, 오지 않은 일을 걱정하지 마세요. 세상은 완벽했던 사람보다 마음을 평온히 지켜낸 사람을 오래 기억합니다. 삶의 지혜는 대단한 기술이 아닙니다. 쓸데없는 생각을 덜어내는 단순한 용기, 그게 평화를 부르는 첫걸음입니다. 오늘 마음속에서 시끄러운 생각이 올라올 때 이렇게 말해보세요.

"그건 쓸데없는 생각이다."

그 순간, 인생은 조금 더 맑아지고 당신의 하루는 훨씬 가벼워질 겁니다.

불편함을 견디는 사람만이
진짜 어른이 됩니다

요즘은 조금만 힘들어도 마음이 흔들립니다. 조금만 불편해도 "이 길이 맞나" 하는 생각이 듭니다. 하지만 인생은 우리에게 말하죠. "그 불편함을 지나야, 진짜 어른이 된다."

사는 게 퍽퍽한 이유는 아직 그 불편함을 통과하는 중이기 때문입니다. 인생은 편안함이 아니라 불편함을 통과하며 완성됩니다. 생각해 보세요. 십수 년 전, 아무 생각 없이 그저 하루하루 버티던 시절이 있었을 겁니다. 눈앞이 캄캄하고, 내가 어디로 가는지도 모르겠던 그때 말이죠. 그 시절, 회피하지 않고 도망가지 않았기 때문에 지금의 당신이 있는 겁니다. 그때의 시간은 괴로웠지만 돌이켜보면 그 고통이 나를 단단하게 만들었습니다. 그 불편함이 내 뿌리를 깊게 내리게 했습니다.

인생의 진짜 힘은 편안함이 아니라 인내에서 나옵니다. 요즘 세상은 뭐든 빠르고 편리합니다. 앱 하나로 밥을 시키고 버튼 하나로 세상이 움직이죠. 그래서인지 조금만 불편해도 참지 못하는 이들이 늘었습니다. 하지만 진실은 편리함이 우리를 성장시키지 않습니다. 불편함이 우리를 깨웁니다. 관계도 마찬가지입니다. 서로의 다름이 불편하다고 도망치면, 결국 깊은 관계는 맺지 못합니다. 진짜 사랑도, 진짜 우정도 불편함을 견뎌낸 자리에서 피어납니다. 삶에는 손쉽고 편안하기만 한 일은 없습니다. 진실은 언제나 불편함의 옷을 입고 옵니다. 그 불편함을 감내하지 못하면 우리는 진실을 마주할 수 없습니다.

가끔은 자신을 바라보는 일조차 괴롭습니다. '나는 왜 이럴까?' '왜 이렇게 부족할까?' 그 질문이 아파서 피하고 싶지만,

그 고통을 마주할 때 비로소 진짜 성장이 시작됩니다. 있는 그대로의 나를 바라볼 용기. 그게 진짜 어른의 첫걸음입니다. 편안함은 우리를 달콤하게 만들고, 불편함은 우리를 단단히 세워줍니다. 거센 바람 속에서 뿌리가 깊어지고 깊은 어둠 속에서 별빛이 선명해지듯, 우리의 성장은 언제나 불편함을 통과합니다. 누군가는 말합니다. "그땐 너무 힘들었어요. 차라리 도망갔으면 나았을지도 몰라요." 하지만 아닙니다. 그때 버텼기 때문에 지금의 당신이 있는 겁니다. 도망쳤다면, 지금도 같은 문제를 반복하고 있을 겁니다.

불편함을 피하면 인생은 얕아지고, 불편함을 견디면 인생은 깊어집니다.

편안함을 쫓는 사람은 늘 흔들리고, 불편함을 감내한 사람은 쉽게 무너지지 않습니다.

그래서 인생의 진리는 단순합니다. "편안할 때는 멈추고, 불편할 때는 자란다." 그 한 줄이 인생의 방향을 바꿉니다. 지금 당신이 겪는 불편함은 당신을 괴롭히기 위해 온 게 아닙니다. 당신을 더 크게 만들기 위해 온 겁니다. 오늘이 힘든 이유는 성장이 일어나고 있기 때문입니다. 삶은 편한 길보다 의미 있는 길을 선택할 때 빛이 납니다. 불편함을 견디는 사람 그 사람만이 진짜 자기 인생을 살아갑니다.

야무지게 잘 사는 사람들의 비밀

주변에 유난히 야무지게 잘 사는 사람들이 있죠. 그 사람들은 정이 많지만, 선이 분명합니다. 자기 사람에게는 한없이 따뜻해서 누가 힘들다고 하면 밤낮없이 달려가고, 듣는 자리에서는 온전히 귀를 내줍니다. 하지만 선을 넘는 사람, 함부로 대하는 사람에게는 단호하게 선을 긋습니다. "이쯤이면 충분합니다." 그 한마디가, 그들의 단단함입니다.

그들은 사람을 미워하지 않습니다. 다만, 감정의 문을 스스로 닫을 줄 아는 지혜를 가졌습니다. 세상을 품되, 세상에 끌려다니지 않습니다. 사람을 사랑하되, 자기 자신은 버리지 않습니다. 많은 이들이 이렇게 말하죠. "나는 손해 보기 싫어서 인간관계가 힘들어요." 하지만 진짜 손해는 내 마음을 잃는데서 생깁니다. 상대가 미안해하지 않아도 내가 미안해하고 무례한 사람에게도 끝까지 이해를 구합니다. 결국 남은 건 피로감뿐입니다. 끝까지 착하기만 하면 결국 내 마음이 먼저 닳아버립니다.

야무지게 산다는 건 냉정하게 사는 게 아니라 깔끔하게 사는 것입니다. 정은 주되, 질질 끌지 않고, 사람을 품되, 내 마음은 지키는 겁니다. 그게 어른의 품격입니다. 관계에도 온도가 있습니다. 지나치면 상처가 되고, 식으면 멀어집니다. 현명한 사람은 따뜻하지만 뜨겁지 않습니다. 상대에게 맞춰주되, 무너지진 않습니다. 그 온도를 지켜내는 게, 인생의 기술이자 마음의 평화입니다.

진짜 멋진 사람은 사람을 믿지만 의존하지 않습니다. 도와주되, 매달리지 않습니다. 그들은 경계 안에서 사랑하고, 질서 안에서 자비를 실천합니다. 삶은 결국, 사람과의 거리에서 평온이 결정됩니다. 거리를 잘 두는 사람은 늘 마음이 가볍고, 얼굴이 평화롭습니다. 누군가를 멀리한 게 아니라, 내 마음을 지킨 것뿐입니다. 야무지게 잘 산다는 건 끝을 알아서 아름답게 멈출 줄 아는 사람이라는 뜻입니다. 정은 품되, 경계는 세우세요. 그게 당신을 오래가게 하는 야무진 인생의 비밀입니다.

미워할 필요가 없는 이유

사는 게 괜히 힘들고, 마음이 복잡할 때가 있죠. 대부분 그 이유는 '사람' 때문입니다. 누군가를 미워하고, 원망하고, 서운한 마음이 가슴 한켠에 남아 있기 때문이에요. 그런데 잘 생각해 보세요. 미워한다고 그 사람이 바뀌나요? 아닙니다. 미워할수록 내 하루만 시들고, 내 마음만 병듭니다. 가장 어리석은 복수는, 그 사람을 미워하며 내 평화를 내어주는 일입니다. 내 마음이 그 사람에게 매여 있는 한 나는 여전히 그 사람의 감정에 끌려다니는 겁니다.

지혜로운 사람은 상처를 쥐고 있지 않습니다. 붙잡지 않고, 조용히 놓아줍니다. 말은 짧게 끝내고, 마음은 길게 내려놓습니다. 끝까지 이해하려 애쓰지 마세요. 그냥 멀어져도 괜찮습니다. 모든 관계가 꼭 설명으로 끝날 필요는 없습니다. 때로는 말 없는 거리감이 해답이 됩니다.

미움이 깊어질수록 내 감정의 키를 그 사람 손에 쥐여주는 셈입니다. 내가 화내는 순간 그 사람은 내 하루의 주인이 되어버리죠. 그럴 시간에 나를 돌보세요.

좋은 음악 한 곡 듣고, 하늘 한번 올려다보세요. 미움이 줄어드는 게 아니라, 내 마음이 자라는 겁니다. 억울할수록, 붙잡을수록 나만 작아집니다. 그 사람은 잊고 웃는데, 나만 마음속에서 그를 재판하고 있죠. 그게 얼마나 허무한 일인지, 시간이 지나면 절절히 알게 됩니다. 누군가를 미워할 필요는 없습니다. 그 사람을 용서하라는 게 아니라, 그 미움에서 나를 해방시키라는 뜻이에요.

인생이란 결국, 내 마음을 어디에 두느냐의 싸움입니다. 미움은 무겁고, 놓아줌은 가볍습니다.

나이 들면, 덜 해야 보인다.

나이 들수록 깨닫습니다. 사는 게 힘든 게 아니라, 내가 스스로 복잡하게 만들어온 것뿐이라는 걸. 젊을 땐 무언가를 더 가져야 잘 사는 줄 알았지만, 세월은 조용히 알려줍니다. 진짜 잘 사는 건, 덜 가지는 법을 아는 것이라고. 이제는 바빠 보이려 애쓸 필요 없습니다. 여유가 품격이고, 천천히 걷는 발걸음 속에 인생의 품이 담깁니다. 다른 이의 속도에 휘둘리지 마세요. 당신의 걸음엔 세월의 단단함이 있습니다.

말도 그렇습니다. 쓸데없는 말로 공기를 채우던 시절이 있었죠. 하지만 이젠 압니다. 말이 사라진 자리에서야, 마음이 가장 크게 들린다는 걸. 말보다 눈빛으로, 설명보다 미소로 전해지는 게 진짜 마음이었습니다.

젊을 땐 사람을 쉽게 믿고, 쉽게 정을 주었죠. 하지만 나이 들수록 알게 됩니다. 깊은 관계일수록 조용하다는 걸. 허튼 친절은 오래가지 않고, 진짜 인연은 꾸밈없이 오래 남습니다. 조용히 곁에 있어 주는 그 한 사람이, 당신의 평생 인연이면 충분합니다.

남의 인생을 걱정하느라 정작 내 삶을 놓치던 날들도 있었죠. 그런데 세월이 지나 보니 내가 바꿀 수 있는 건 오직 '나 자신'뿐이었습니다. 남을 고치려 애쓸 시간에 나를 다스리는 법을 배우는 게 훨씬 지혜로운 일입니다.

그리고 이제는 압니다. 모두에게 맞추는 게 따뜻함이 아니라는 걸. 모서리를 다 깎아내면 결국 내 형태가 사라집니다. 부드러움 속에 단단함이 있는 것, 그게 인생이 주는 균형입니다.

억울했던 일들, 잠 못 이루던 날들.... 이젠 그냥 흘려보내세요. 시간은 말보다 정확합니다. 세월은 결국, 진심의 편에 서 있습니다. 참은 만큼 깊어지고, 견딘 만큼 단단해집니다.

그리고 이미 지나간 일에 마음을 묶어두지 마세요. 과거는 다시 오지 않고, 오늘은 기다려주지 않습니다. 손을 펴야 새것을 잡을 수 있고, 내려놓을수록 마음은 채워집니다. 나이 든다는 건 잃는 게 아닙니다. 비워내며 본질에 가까워지는 일입니다. 화려했던 인생보다, 단단한 인생이 더 아름답습니다. 이제는 말보다 눈빛으로, 분주함보다 고요함으로 살아가세요. 인생은 더 가지는 싸움이 아니라, 덜 집착하는 연습입니다. 조용히 바라보고, 덜 흔들리고, 덜 미워할수록 삶은 점점 맑아집니다.

덜 말하고, 더 평온하게 사는 법

젊을 때는 말을 많이 해야 내가 인정받는 줄 알았습니다. 하지만 세월이 흐르고 보니, 입보다 표정이, 말보다 분위기가 그 사람을 보여줍니다. 말을 많이 할수록 오해가 생기고, 설명할수록 진심이 흐려집니다. 그래서 나이 들수록 알게 됩니다. 덜 말할수록, 마음은 더 단단해진다는 걸요. 이제는 말보다 눈빛이, 설명보다 침묵이 더 많은 걸 전합니다.

오래 살아보니 진짜로 깊은 사람은 말이 길지 않습니다. 그들의 한마디에는 묵직한 세월의 온기가 있습니다. 불필요한 말은 마음을 지치게 합니다. 누군가 내 이야기를 오해해도 굳이 다 설명할 필요 없습니다. 진심은 말보다 오래 남아, 결국 시간을 통해 드러납니다. 억울함은 침묵 속에서 익히면 진실이 되어 돌아오고, 분노를 말로 흘리면 상처가 되고, 고요히 삼키면 깨달음이 됩니다. 살다 보면 침묵이 회피가 아니라 마음을 지키는 기술임을 알게 됩니다.

세상엔 이해받지 않아도 괜찮은 일들이 있습니다. 가끔은 그냥 미소로 답하고, 그 자리를 조용히 떠나는 게 가장 현명한 대화일 때도 있습니다. 그래요, 삶의 품격은 말이 아니라 태도에 있습니다. 조용히 듣고, 천천히 바라보며, 필요한 한마디만 남기는 것. 그게 어른의 말투이고, 지혜의 언어입니다.

나이 들수록 대화의 목적은 설득이 아니라 이해입니다. 내가 옳다는 증명보다, 상대가 다를 수 있음을 받아들이는 마음. 그게 진짜 평온을 만듭니다. 말이 줄어들면, 그제야 세상의 소리가 들어옵니다. 새소리, 바람소리, 사람의 숨결까지도요. 그 속에서 깨닫게 됩니다. "모든 말은 결국, 마음의 울림을 닮는다." 이제는 굳이 많은 말을 하지 않아도 됩니다. 그저 마음을 곱게 쓰고, 말을 가볍게 올려놓으세요. 그 침묵이, 당신의 인생을 더 빛나게 할 겁니다.

말이 적을수록 인생은 단단해지고, 침묵이 깊을수록 마음은 평화로워집니다.

사람은 결국 살 만큼만 삽니다

사람은 누구나 자기 몫만큼 살고 갑니다.

그게 길든 짧든, 모두 다 정해진 길 위에 서 있을 뿐입니다.

몸이 아프고, 마음이 다치고

사랑하는 사람을 잃고 나서야 비로소 알게 됩니다.

"내가 왜 그렇게 사소한 일들에 화를 냈을까."

"그때 조금 더 따뜻하게 안아줄 걸."

죽음을 생각하면 세상이 고마워집니다.

날 짜증나게 하던 사람도 내 곁에 있어 주던 가족도

얼마나 감사한 존재인지 깨닫게 됩니다.

살아있다는 것, 그 자체가 선물이 되는 건

죽음을 생각할 때입니다.

숨을 쉬고, 밥을 먹고, 이름을 불러줄 사람이 있다는 것.

그것만으로도 인생은 충분히 가치 있습니다.

인생은 길게 보면 복잡하지만,

하루로 보면 단순합니다.

멀리 내일을 염려하기보다

지금 이 순간에 집중해 보세요.

오늘의 숨, 오늘의 한 끼,

오늘 내 곁의 사람에게 감사할 때,

삶은 더 이상 고통이 아니라 기쁨이 됩니다.

그게 진짜 '사는 법'입니다.

하루를 온전히 살아내는 일,

그것이 곧 인생입니다.

오늘도 살아 있는 당신

이미 잘 살고 계신 겁니다.